Verordnung über energiesparenden Wärmeschutz und energiesparende Anlagentechnik bei Gebäuden

(Energieeinsparverordnung - EnEV)

Impressum

© GROELSV – Verlag, Hans-Much-Weg 14, 20249 Hamburg, Telefon: 040/ 32030598; - Redaktion GROELSV

Wir sind bemüht, ein ansprechendes Produkt zu gestalten, dass vernünftigen Ansprüchen an das Preis/Leistungsverhältnis gerecht wird. Buchbewertungen, z. B. über den Distributor Amazon sind ausdrücklich erwünscht. Konstruktive Anregungen nutzen wir gerne, um künftige Auflagen zu ergänzen und anzupassen.

Die Rechte am Werk, insbesondere für die Zusammenstellung, die Cover- und weitere Gestaltung liegen beim Verlag. Trotz sorgfältigster Bearbeitung und Qualitätskontrolle können Übertragungsfehler und technische Fehler nicht letztgültig ausgeschlossen werden. Fachanwaltliche Beratung wird durch die Konsultation einer Rechtssammlung nicht ersetzt.

1

Inhaltsverzeichnis

Verordnung über energiesparenden Wärmeschutz und energiesparende Anlagentechnik bei Gebäuden (Energieeinsparverordnung - EnEV)

-
EnEV

Ausfertigungsdatum: 24.07.2007

"Energieeinsparverordnung vom 24. Juli 2007 (BGBl. I S. 1519), die zuletzt durch Artikel 1 der Verordnung vom 18. November 2013 (BGBl. I S. 3951) geändert worden ist"

Stand: Zuletzt geändert durch Art. 1 V v. 18.11.2013 I 3951

Die §§ 1 bis 5, 8, 9, 11 Abs. 3, §§ 12, 15 bis 22, § 24 Abs. 1, §§ 26, 27 und 29 dienen der Umsetzung der Richtlinie 2002/91/EG des Europäischen Parlaments und des Rates vom 16. Dezember 2002 über die Gesamtenergieeffizienz von Gebäuden (ABl. EG Nr. L 1 S. 65). § 13 Abs. 1 bis 3 und § 27 dienen der Umsetzung der Richtlinie 92/42/EWG des Rates vom 21. Mai 1992 über die Wirkungsgrade von mit flüssigen oder gasförmigen Brennstoffen beschickten neuen Warmwasserheizkesseln (ABl. EG Nr. L 167 S. 17, L 195 S. 32), zuletzt geändert durch die Richtlinie 2005/32/EG des Europäischen Parlaments und des Rates vom 6. Juli 2005 (ABl. EU Nr. L 191 S. 29).

Abschnitt 1
Allgemeine Vorschriften

-

§ 1 Zweck und Anwendungsbereich

(1) Zweck dieser Verordnung ist die Einsparung von Energie in Gebäuden. In diesem Rahmen und unter Beachtung des gesetzlichen Grundsatzes der wirtschaftlichen Vertretbarkeit soll die Verordnung dazu beitragen, dass die energiepolitischen Ziele der Bundesregierung, insbesondere ein nahezu klimaneutraler Gebäudebestand bis zum Jahr 2050, erreicht werden. Neben den Festlegungen in der Verordnung soll dieses Ziel auch mit anderen Instrumenten, insbesondere mit einer Modernisierungsoffensive für Gebäude, Anreizen durch die Förderpolitik und einem Sanierungsfahrplan, verfolgt werden. Im Rahmen der dafür noch festzulegenden Anforderungen an die Gesamtenergieeffizienz von Niedrigstenergiegebäuden wird die Bundesregierung in diesem Zusammenhang auch eine grundlegende Vereinfachung und Zusammenführung der Instrumente, die die Energieeinsparung und die Nutzung erneuerbarer Energien in Gebäuden regeln, anstreben, um dadurch die energetische und ökonomische Optimierung von Gebäuden zu erleichtern.
(2) Diese Verordnung gilt

1.

für Gebäude, soweit sie unter Einsatz von Energie beheizt oder gekühlt werden, und

2.

für Anlagen und Einrichtungen der Heizungs-, Kühl-, Raumluft- und Beleuchtungstechnik sowie der Warmwasserversorgung von Gebäuden nach Nummer 1.

Der Energieeinsatz für Produktionsprozesse in Gebäuden ist nicht Gegenstand dieser Verordnung.
(3) Mit Ausnahme der §§ 12 und 13 gilt diese Verordnung nicht für

1.

Betriebsgebäude, die überwiegend zur Aufzucht oder zur Haltung von Tieren genutzt werden,

2.

Betriebsgebäude, soweit sie nach ihrem Verwendungszweck großflächig und lang anhaltend offen gehalten werden müssen,

3.

unterirdische Bauten,

4.

Unterglasanlagen und Kulturräume für Aufzucht, Vermehrung und Verkauf von Pflanzen,

5.

Traglufthallen und Zelte,

6.

Gebäude, die dazu bestimmt sind, wiederholt aufgestellt und zerlegt zu werden, und provisorische Gebäude mit einer geplanten Nutzungsdauer von bis zu zwei Jahren,

7.

3

8.   Gebäude, die dem Gottesdienst oder anderen religiösen Zwecken gewidmet sind,

Wohngebäude, die

a)
    für eine Nutzungsdauer von weniger als vier Monaten jährlich bestimmt sind oder

b)
    für eine begrenzte jährliche Nutzungsdauer bestimmt sind, wenn der zu erwartende Energieverbrauch der Wohngebäude weniger als 25 Prozent des zu erwartenden Energieverbrauchs bei ganzjähriger Nutzung beträgt, und

9.

sonstige handwerkliche, landwirtschaftliche, gewerbliche und industrielle Betriebsgebäude, die nach ihrer Zweckbestimmung auf eine Innentemperatur von weniger als 12 Grad Celsius oder jährlich weniger als vier Monate beheizt sowie jährlich weniger als zwei Monate gekühlt werden.

Auf Bestandteile von Anlagensystemen, die sich nicht im räumlichen Zusammenhang mit Gebäuden nach Absatz 2 Satz 1 Nr. 1 befinden, ist nur § 13 anzuwenden.

-

§ 2 Begriffsbestimmungen

Im Sinne dieser Verordnung

1.

sind Wohngebäude Gebäude, die nach ihrer Zweckbestimmung überwiegend dem Wohnen dienen, einschließlich Wohn-, Alten- und Pflegeheimen sowie ähnlichen Einrichtungen,

2.

sind Nichtwohngebäude Gebäude, die nicht unter Nummer 1 fallen,

3.

sind kleine Gebäude Gebäude mit nicht mehr als 50 Quadratmetern Nutzfläche,

3a.

sind Baudenkmäler nach Landesrecht geschützte Gebäude oder Gebäudemehrheiten,

4.

sind beheizte Räume solche Räume, die auf Grund bestimmungsgemäßer Nutzung direkt oder durch Raumverbund beheizt werden,

5.

sind gekühlte Räume solche Räume, die auf Grund bestimmungsgemäßer Nutzung direkt oder durch Raumverbund gekühlt werden,

6.

sind erneuerbare Energien solare Strahlungsenergie, Umweltwärme, Geothermie, Wasserkraft, Windenergie und Energie aus Biomasse,

7.

ist ein Heizkessel der aus Kessel und Brenner bestehende Wärmeerzeuger, der zur Übertragung der durch die Verbrennung freigesetzten Wärme an den Wärmeträger Wasser dient,

8.

sind Geräte der mit einem Brenner auszurüstende Kessel und der zur Ausrüstung eines Kessels bestimmte Brenner,

9.

ist die Nennleistung die vom Hersteller festgelegte und im Dauerbetrieb unter Beachtung des vom Hersteller angegebenen Wirkungsgrades als einhaltbar garantierte größte Wärme- oder Kälteleistung in Kilowatt,

10.

ist ein Niedertemperatur-Heizkessel ein Heizkessel, der kontinuierlich mit einer Eintrittstemperatur von 35 bis 40 Grad Celsius betrieben werden kann und in dem es unter

4

bestimmten Umständen zur Kondensation des in den Abgasen enthaltenen Wasserdampfes kommen kann,

11. ist ein Brennwertkessel ein Heizkessel, der für die Kondensation eines Großteils des in den Abgasen enthaltenen Wasserdampfes konstruiert ist,

11a. sind elektrische Speicherheizsysteme Heizsysteme mit vom Energielieferanten unterbrechbarem Strombezug, die nur in den Zeiten außerhalb des unterbrochenen Betriebes durch eine Widerstandsheizung Wärme in einem geeigneten Speichermedium speichern,

12. ist die Wohnfläche die nach der Wohnflächenverordnung oder auf der Grundlage anderer Rechtsvorschriften oder anerkannter Regeln der Technik zur Berechnung von Wohnflächen ermittelte Fläche,

13. ist die Nutzfläche die Nutzfläche nach anerkannten Regeln der Technik, die beheizt oder gekühlt wird,

14. ist die Gebäudenutzfläche die nach Anlage 1 Nummer 1.3.3 berechnete Fläche,

15. ist die Nettogrundfläche die Nettogrundfläche nach anerkannten Regeln der Technik, die beheizt oder gekühlt wird,

16. sind Nutzflächen mit starkem Publikumsverkehr öffentlich zugängliche Nutzflächen, die während ihrer Öffnungszeiten von einer großen Zahl von Menschen aufgesucht werden. Solche Flächen können sich insbesondere in öffentlichen oder privaten Einrichtungen befinden, die für gewerbliche, freiberufliche, kulturelle, soziale oder behördliche Zwecke genutzt werden.

Abschnitt 2
Zu errichtende Gebäude

-

§ 3 Anforderungen an Wohngebäude

(1) Zu errichtende Wohngebäude sind so auszuführen, dass der Jahres-Primärenergiebedarf für Heizung, Warmwasserbereitung, Lüftung und Kühlung den Wert des Jahres-Primärenergiebedarfs eines Referenzgebäudes gleicher Geometrie, Gebäudenutzfläche und Ausrichtung mit der in Anlage 1 Tabelle 1 angegebenen technischen Referenzausführung nicht überschreitet.

(2) Zu errichtende Wohngebäude sind so auszuführen, dass die Höchstwerte des spezifischen, auf die wärmeübertragende Umfassungsfläche bezogenen Transmissionswärmeverlusts nach Anlage 1 Nummer 1.2 nicht überschritten werden.

(3) Für das zu errichtende Wohngebäude und das Referenzgebäude ist der Jahres-Primärenergiebedarf nach einem der in Anlage 1 Nummer 2 genannten Verfahren zu berechnen. Das zu errichtende Wohngebäude und das Referenzgebäude sind mit demselben Verfahren zu berechnen.

(4) Zu errichtende Wohngebäude sind so auszuführen, dass die Anforderungen an den sommerlichen Wärmeschutz nach Anlage 1 Nummer 3 eingehalten werden.

(5) Das Bundesministerium für Verkehr, Bau und Stadtentwicklung kann im Einvernehmen mit dem Bundesministerium für Wirtschaft und Technologie für Gruppen von nicht gekühlten Wohngebäuden auf der Grundlage von Modellberechnungen bestimmte Ausstattungsvarianten beschreiben, die unter dort definierten Anwendungsvoraussetzungen die Anforderungen nach den Absätzen 1, 2 und 4 generell erfüllen, und diese im Bundesanzeiger bekannt machen. Die

Anwendungsvoraussetzungen können sich auf die Größe, die Form, die Ausrichtung und die Dichtheit der Gebäude sowie auf die Vermeidung von Wärmebrücken und auf die Anteile von bestimmten Außenbauteilen an der wärmeübertragenden Umfassungsfläche beziehen. Die Einhaltung der in den Absätzen 1, 2 und 4 festgelegten Anforderungen wird vermutet, wenn ein nicht gekühltes Wohngebäude die Anwendungsvoraussetzungen erfüllt, die in der Bekanntmachung definiert sind, und gemäß einer der dazu beschriebenen Ausstattungsvarianten errichtet wird; Berechnungen nach Absatz 3 sind nicht erforderlich.

-

§ 4 Anforderungen an Nichtwohngebäude

(1) Zu errichtende Nichtwohngebäude sind so auszuführen, dass der Jahres-Primärenergiebedarf für Heizung, Warmwasserbereitung, Lüftung, Kühlung und eingebaute Beleuchtung den Wert des Jahres-Primärenergiebedarfs eines Referenzgebäudes gleicher Geometrie, Nettogrundfläche, Ausrichtung und Nutzung einschließlich der Anordnung der Nutzungseinheiten mit der in Anlage 2 Tabelle 1 angegebenen technischen Referenzausführung nicht überschreitet.

(2) Zu errichtende Nichtwohngebäude sind so auszuführen, dass die Höchstwerte der mittleren Wärmedurchgangskoeffizienten der wärmeübertragenden Umfassungsfläche nach Anlage 2 Tabelle 2 nicht überschritten werden.

(3) Für das zu errichtende Nichtwohngebäude und das Referenzgebäude ist der Jahres-Primärenergiebedarf nach einem der in Anlage 2 Nummer 2 oder 3 genannten Verfahren zu berechnen. Das zu errichtende Nichtwohngebäude und das Referenzgebäude sind mit demselben Verfahren zu berechnen.

(4) Zu errichtende Nichtwohngebäude sind so auszuführen, dass die Anforderungen an den sommerlichen Wärmeschutz nach Anlage 2 Nummer 4 eingehalten werden.

-

§ 5 Anrechnung von Strom aus erneuerbaren Energien

(1) Wird in zu errichtenden Gebäuden Strom aus erneuerbaren Energien eingesetzt, darf dieser Strom von dem nach § 3 Absatz 3 oder § 4 Absatz 3 berechneten Endenergiebedarf abzogen werden, soweit er

1.
   im unmittelbaren räumlichen Zusammenhang zu dem Gebäude erzeugt wird und

2.
   vorrangig in dem Gebäude unmittelbar nach Erzeugung oder nach vorübergehender Speicherung selbst genutzt und nur die überschüssige Energiemenge in ein öffentliches Netz eingespeist wird.

Es darf höchstens die Strommenge nach Satz 1 angerechnet werden, die dem berechneten Strombedarf der jeweiligen Nutzung entspricht.

(2) Der Strombedarf nach Absatz 1 Satz 2 ist nach den Berechnungsverfahren nach Anlage 1 Nummer 2 für Wohngebäude und Anlage 2 Nummer 2 oder 3 für Nichtwohngebäude als Monatswert zu bestimmen. Der monatliche Ertrag der Anlagen zur Nutzung erneuerbarer Energien ist nach DIN V 18599-9 : 2011-12* , berichtigt durch DIN V 18599-9 Berichtigung 1 : 2013-05, zu bestimmen. Bei Anlagen zur Erzeugung von Strom aus solarer Strahlungsenergie sind die monatlichen Stromerträge unter Verwendung der mittleren monatlichen Strahlungsintensitäten der Referenzklimazone Potsdam nach DIN V 18599-10 : 2011-12 Anhang E sowie der Standardwerte zur Ermittlung der Nennleistung des Photovoltaikmoduls nach DIN V 18599-9 : 2011-12 Anhang B zu ermitteln. Bei Anlagen zur Erzeugung von Strom aus Windenergie sind die monatlichen Stromerträge unter Verwendung der mittleren monatlichen Windgeschwindigkeiten der Referenzklimazone Potsdam nach DIN V 18599-10 : 2011-12 Anhang E zu ermitteln.

6

*
Amtlicher Hinweis: Alle zitierten DIN-Vornormen und Normen sind im Beuth-Verlag GmbH, Berlin, veröffentlicht und beim Deutschen Patent- und Markenamt in München archivmäßig gesichert niedergelegt.

-

§ 6 Dichtheit, Mindestluftwechsel

(1) Zu errichtende Gebäude sind so auszuführen, dass die wärmeübertragende Umfassungsfläche einschließlich der Fugen dauerhaft luftundurchlässig entsprechend den anerkannten Regeln der Technik abgedichtet ist. Wird die Dichtheit nach Satz 1 überprüft, kann der Nachweis der Luftdichtheit bei der nach § 3 Absatz 3 und § 4 Absatz 3 erforderlichen Berechnung berücksichtigt werden, wenn die Anforderungen nach Anlage 4 eingehalten sind.

(2) Zu errichtende Gebäude sind so auszuführen, dass der zum Zwecke der Gesundheit und Beheizung erforderliche Mindestluftwechsel sichergestellt ist.

-

§ 7 Mindestwärmeschutz, Wärmebrücken

(1) Bei zu errichtenden Gebäuden sind Bauteile, die gegen die Außenluft, das Erdreich oder Gebäudeteile mit wesentlich niedrigeren Innentemperaturen abgrenzen, so auszuführen, dass die Anforderungen des Mindestwärmeschutzes nach den anerkannten Regeln der Technik eingehalten werden. Ist bei zu errichtenden Gebäuden die Nachbarbebauung bei aneinandergereihter Bebauung nicht gesichert, müssen die Gebäudetrennwände den Mindestwärmeschutz nach Satz 1 einhalten.

(2) Zu errichtende Gebäude sind so auszuführen, dass der Einfluss konstruktiver Wärmebrücken auf den Jahres-Heizwärmebedarf nach den anerkannten Regeln der Technik und den im jeweiligen Einzelfall wirtschaftlich vertretbaren Maßnahmen so gering wie möglich gehalten wird.

(3) Der verbleibende Einfluss der Wärmebrücken bei der Ermittlung des Jahres-Primärenergiebedarfs ist nach Maßgabe des jeweils angewendeten Berechnungsverfahrens zu berücksichtigen. Soweit dabei Gleichwertigkeitsnachweise zu führen wären, ist dies für solche Wärmebrücken nicht erforderlich, bei denen die angrenzenden Bauteile kleinere Wärmedurchgangskoeffizienten aufweisen, als in den Musterlösungen der DIN 4108 Beiblatt 2 : 2006-03 zugrunde gelegt sind.

-

§ 8 Anforderungen an kleine Gebäude und Gebäude aus Raumzellen

Werden bei zu errichtenden kleinen Gebäuden die in Anlage 3 genannten Werte der Wärmedurchgangskoeffizienten der Außenbauteile eingehalten, gelten die übrigen Anforderungen dieses Abschnitts als erfüllt. Satz 1 ist auf Gebäude entsprechend anzuwenden, die für eine Nutzungsdauer von höchstens fünf Jahren bestimmt und aus Raumzellen von jeweils bis zu 50 Quadratmetern Nutzfläche zusammengesetzt sind.

<u>Abschnitt 3</u>
<u>Bestehende Gebäude und Anlagen</u>

-

§ 9 Änderung, Erweiterung und Ausbau von Gebäuden

(1) Soweit bei beheizten oder gekühlten Räumen von Gebäuden Änderungen im Sinne der Anlage 3 Nummer 1 bis 6 ausgeführt werden, sind die Änderungen so auszuführen, dass die Wärmedurchgangskoeffizienten der betroffenen Flächen die für solche Außenbauteile in Anlage 3 festgelegten Höchstwerte der Wärmedurchgangskoeffizienten nicht überschreiten. Die Anforderungen des Satzes 1 gelten als erfüllt, wenn

1.

    geänderte Wohngebäude insgesamt den Jahres-Primärenergiebedarf des Referenzgebäudes nach § 3 Absatz 1 und den Höchstwert des spezifischen, auf die wärmeübertragende Umfassungsfläche bezogenen Transmissionswärmeverlusts nach Anlage 1 Tabelle 2,

2.

    geänderte Nichtwohngebäude insgesamt den Jahres-Primärenergiebedarf des Referenzgebäudes nach § 4 Absatz 1 und die Höchstwerte der mittleren Wärmedurchgangskoeffizienten der wärmeübertragenden Umfassungsfläche nach Anlage 2 Tabelle 2 Zeile 1a, 2a, 3a und 4a

um nicht mehr als 40 vom Hundert überschreiten; wird nach Nummer 1 oder 2 der zulässige Jahres-Primärenergiebedarf ermittelt, ist jeweils die Zeile 1.0 der Anlage 1 Tabelle 1 oder der Anlage 2 Tabelle 1 nicht anzuwenden.

(2) In Fällen des Absatzes 1 Satz 2 sind die in § 3 Absatz 3 sowie in § 4 Absatz 3 angegebenen Berechnungsverfahren nach Maßgabe der Sätze 2 und 4 und des § 5 entsprechend anzuwenden. Soweit

1.

    Angaben zu geometrischen Abmessungen von Gebäuden fehlen, können diese durch vereinfachtes Aufmaß ermittelt werden;

2.

    energetische Kennwerte für bestehende Bauteile und Anlagenkomponenten nicht vorliegen, können gesicherte Erfahrungswerte für Bauteile und Anlagenkomponenten vergleichbarer Altersklassen verwendet werden;

hierbei können anerkannte Regeln der Technik verwendet werden; die Einhaltung solcher Regeln wird vermutet, soweit Vereinfachungen für die Datenaufnahme und die Ermittlung der energetischen Eigenschaften sowie gesicherte Erfahrungswerte verwendet werden, die vom Bundesministerium für Verkehr, Bau und Stadtentwicklung im Einvernehmen mit dem Bundesministerium für Wirtschaft und Technologie im Bundesanzeiger bekannt gemacht worden sind. Satz 2 kann auch in Fällen des Absatzes 1 Satz 1 sowie des Absatzes 4 angewendet werden. Bei Anwendung der Verfahren nach § 3 Absatz 3 sind die Randbedingungen und Maßgaben nach Anlage 3 Nr. 8 zu beachten.

(3) Absatz 1 ist nicht anzuwenden auf Änderungen von Außenbauteilen, wenn die Fläche der geänderten Bauteile nicht mehr als 10 vom Hundert der gesamten jeweiligen Bauteilfläche des Gebäudes betrifft.

(4) Bei der Erweiterung und dem Ausbau eines Gebäudes um beheizte oder gekühlte Räume, für die kein Wärmeerzeuger eingebaut wird, sind die betroffenen Außenbauteile so zu ändern oder auszuführen, dass die Wärmedurchgangskoeffizienten der betroffenen Flächen die für solche Außenbauteile in Anlage 3 festgelegten Höchstwerte der Wärmedurchgangskoeffizienten nicht überschreiten. Ist die hinzukommende zusammenhängende Nutzfläche größer als 50 Quadratmeter, sind außerdem die Anforderungen an den sommerlichen Wärmeschutz nach Anlage 1 Nummer 3 oder Anlage 2 Nummer 4 einzuhalten.

(5) Wird in Fällen des Absatzes 4 Satz 2 ein neuer Wärmeerzeuger eingebaut, sind die betroffenen Außenbauteile so zu ändern oder auszuführen, dass der neue Gebäudeteil die Vorschriften für zu errichtende Gebäude nach § 3 oder § 4 einhält. Bei der Ermittlung des zulässigen Jahres-Primärenergiebedarfs ist jeweils die Zeile 1.0 der Anlage 1 Tabelle 1 oder der Anlage 2 Tabelle 1 nicht anzuwenden. Bei Wohngebäuden ergibt sich der zulässige Höchstwert des spezifischen, auf die wärmeübertragende Umfassungsfläche bezogenen Transmissionswärmeverlusts aus Anlage 1

Tabelle 2; bei Nichtwohngebäuden ergibt sich der Höchstwert des mittleren Wärmedurchgangskoeffizienten der wärmeübertragenden Umfassungsfläche aus Anlage 2 Tabelle 2 Zeile 1a, 2a, 3a und 4a. Hinsichtlich der Dichtheit der Gebäudehülle kann auch beim Referenzgebäude die Dichtheit des hinzukommenden Gebäudeteils in Ansatz gebracht werden.

-

§ 10 Nachrüstung bei Anlagen und Gebäuden

(1) Eigentümer von Gebäuden dürfen Heizkessel, die mit flüssigen oder gasförmigen Brennstoffen beschickt werden und vor dem 1. Oktober 1978 eingebaut oder aufgestellt worden sind, nicht mehr betreiben. Eigentümer von Gebäuden dürfen Heizkessel, die mit flüssigen oder gasförmigen Brennstoffen beschickt werden und vor dem 1. Januar 1985 eingebaut oder aufgestellt worden sind, ab 2015 nicht mehr betreiben. Eigentümer von Gebäuden dürfen Heizkessel, die mit flüssigen oder gasförmigen Brennstoffen beschickt werden und nach dem 1. Januar 1985 eingebaut oder aufgestellt worden sind, nach Ablauf von 30 Jahren nicht mehr betreiben. Die Sätze 1 bis 3 sind nicht anzuwenden, wenn die vorhandenen Heizkessel Niedertemperatur-Heizkessel oder Brennwertkessel sind, sowie auf heizungstechnische Anlagen, deren Nennleistung weniger als vier Kilowatt oder mehr als 400 Kilowatt beträgt, und auf Heizkessel nach § 13 Absatz 3 Nummer 2 bis 4.

(2) Eigentümer von Gebäuden müssen dafür sorgen, dass bei heizungstechnischen Anlagen bisher ungedämmte, zugängliche Wärmeverteilungs- und Warmwasserleitungen sowie Armaturen, die sich nicht in beheizten Räumen befinden, nach Anlage 5 zur Begrenzung der Wärmeabgabe gedämmt sind.

(3) Eigentümer von Wohngebäuden sowie von Nichtwohngebäuden, die nach ihrer Zweckbestimmung jährlich mindestens vier Monate und auf Innentemperaturen von mindestens 19 Grad Celsius beheizt werden, müssen dafür sorgen, dass zugängliche Decken beheizter Räume zum unbeheizten Dachraum (oberste Geschossdecken), die nicht die Anforderungen an den Mindestwärmeschutz nach DIN 4108-2 : 2013-02 erfüllen, nach dem 31. Dezember 2015 so gedämmt sind, dass der Wärmedurchgangskoeffizient der obersten Geschossdecke 0,24 Watt/ $(m^2 \cdot K)$ nicht überschreitet. Die Pflicht nach Satz 1 gilt als erfüllt, wenn anstelle der obersten Geschossdecke das darüberliegende Dach entsprechend gedämmt ist oder den Anforderungen an den Mindestwärmeschutz nach DIN 4108-2 : 2013-02 genügt. Bei Maßnahmen zur Dämmung nach den Sätzen 1 und 2 in Deckenzwischenräumen oder Sparrenzwischenräumen ist Anlage 3 Nummer 4 Satz 4 und 6 entsprechend anzuwenden.

(4) Bei Wohngebäuden mit nicht mehr als zwei Wohnungen, von denen der Eigentümer eine Wohnung am 1. Februar 2002 selbst bewohnt hat, sind die Pflichten nach den Absätzen 1 bis 3 erst im Falle eines Eigentümerwechsels nach dem 1. Februar 2002 von dem neuen Eigentümer zu erfüllen. Die Frist zur Pflichterfüllung beträgt zwei Jahre ab dem ersten Eigentumsübergang.

(5) Die Absätze 2 bis 4 sind nicht anzuwenden, soweit die für die Nachrüstung erforderlichen Aufwendungen durch die eintretenden Einsparungen nicht innerhalb angemessener Frist erwirtschaftet werden können.

-

§ 10a (weggefallen)

-

§ 11 Aufrechterhaltung der energetischen Qualität

(1) Außenbauteile dürfen nicht in einer Weise verändert werden, dass die energetische Qualität des Gebäudes verschlechtert wird. Das Gleiche gilt für Anlagen und Einrichtungen nach dem Abschnitt 4, soweit sie zum Nachweis der Anforderungen energieeinsparrechtlicher Vorschriften des Bundes

zu berücksichtigen waren. Satz 1 ist nicht anzuwenden auf Änderungen von Außenbauteilen, wenn die Fläche der geänderten Bauteile nicht mehr als 10 Prozent der gesamten jeweiligen Bauteilfläche des Gebäudes betrifft.

(2) Energiebedarfssenkende Einrichtungen in Anlagen nach Absatz 1 sind vom Betreiber betriebsbereit zu erhalten und bestimmungsgemäß zu nutzen. Eine Nutzung und Erhaltung im Sinne des Satzes 1 gilt als gegeben, soweit der Einfluss einer energiebedarfssenkenden Einrichtung auf den Jahres-Primärenergiebedarf durch andere anlagentechnische oder bauliche Maßnahmen ausgeglichen wird.

(3) Anlagen und Einrichtungen der Heizungs-, Kühl- und Raumlufttechnik sowie der Warmwasserversorgung sind vom Betreiber sachgerecht zu bedienen. Komponenten mit wesentlichem Einfluss auf den Wirkungsgrad solcher Anlagen sind vom Betreiber regelmäßig zu warten und instand zu halten. Für die Wartung und Instandhaltung ist Fachkunde erforderlich. Fachkundig ist, wer die zur Wartung und Instandhaltung notwendigen Fachkenntnisse und Fertigkeiten besitzt.

-

§ 12 Energetische Inspektion von Klimaanlagen

(1) Betreiber von in Gebäude eingebauten Klimaanlagen mit einer Nennleistung für den Kältebedarf von mehr als zwölf Kilowatt haben innerhalb der in den Absätzen 3 und 4 genannten Zeiträume energetische Inspektionen dieser Anlagen durch berechtigte Personen im Sinne des Absatzes 5 durchführen zu lassen.

(2) Die Inspektion umfasst Maßnahmen zur Prüfung der Komponenten, die den Wirkungsgrad der Anlage beeinflussen, und der Anlagendimensionierung im Verhältnis zum Kühlbedarf des Gebäudes. Sie bezieht sich insbesondere auf

1.

die Überprüfung und Bewertung der Einflüsse, die für die Auslegung der Anlage verantwortlich sind, insbesondere Veränderungen der Raumnutzung und -belegung, der Nutzungszeiten, der inneren Wärmequellen sowie der relevanten bauphysikalischen Eigenschaften des Gebäudes und der vom Betreiber geforderten Sollwerte hinsichtlich Luftmengen, Temperatur, Feuchte, Betriebszeit sowie Toleranzen, und

2.

die Feststellung der Effizienz der wesentlichen Komponenten.

(3) Die Inspektion ist erstmals im zehnten Jahr nach der Inbetriebnahme oder der Erneuerung wesentlicher Bauteile wie Wärmeübertrager, Ventilator oder Kältemaschine durchzuführen. Abweichend von Satz 1 sind die am 1. Oktober 2007 mehr als vier und bis zu zwölf Jahre alten Anlagen innerhalb von sechs Jahren, die über zwölf Jahre alten Anlagen innerhalb von vier Jahren und die über 20 Jahre alten Anlagen innerhalb von zwei Jahren nach dem 1. Oktober 2007 erstmals einer Inspektion zu unterziehen.

(4) Nach der erstmaligen Inspektion ist die Anlage wiederkehrend mindestens alle zehn Jahre einer Inspektion zu unterziehen.

(5) Inspektionen dürfen nur von fachkundigen Personen durchgeführt werden. Fachkundig sind insbesondere

1.

Personen mit berufsqualifizierendem Hochschulabschluss in den Fachrichtungen Versorgungstechnik oder Technische Gebäudeausrüstung mit mindestens einem Jahr Berufserfahrung in Planung, Bau, Betrieb oder Prüfung raumlufttechnischer Anlagen,

2.

Personen mit berufsqualifizierendem Hochschulabschluss in

a)

den Fachrichtungen Maschinenbau, Elektrotechnik, Verfahrenstechnik, Bauingenieurwesen oder

b)
einer anderen technischen Fachrichtung mit einem Ausbildungsschwerpunkt bei der Versorgungstechnik oder der Technischen Gebäudeausrüstung
mit mindestens drei Jahren Berufserfahrung in Planung, Bau, Betrieb oder Prüfung raumlufttechnischer Anlagen.
Gleichwertige Ausbildungen, die in einem anderen Mitgliedstaat der Europäischen Union, einem anderen Vertragsstaat des Abkommens über den Europäischen Wirtschaftsraum oder der Schweiz erworben worden sind und durch einen Ausbildungsnachweis belegt werden können, sind den in Satz 2 genannten Ausbildungen gleichgestellt.

(6) Die inspizierende Person hat einen Inspektionsbericht mit den Ergebnissen der Inspektion und Ratschlägen in Form von kurz gefassten fachlichen Hinweisen für Maßnahmen zur kosteneffizienten Verbesserung der energetischen Eigenschaften der Anlage, für deren Austausch oder für Alternativlösungen zu erstellen. Die inspizierende Person hat den Inspektionsbericht unter Angabe ihres Namens, ihrer Anschrift und Berufsbezeichnung sowie des Datums der Inspektion und des Ausstellungsdatums eigenhändig oder durch Nachbildung der Unterschrift zu unterschreiben und dem Betreiber zu übergeben. Vor Übergabe des Inspektionsberichts an den Betreiber hat die inspizierende Person die nach § 26c Absatz 2 zugeteilte Registriernummer einzutragen. Hat bei elektronischer Antragstellung die nach § 26c zuständige Registrierstelle bis zum Ablauf von drei Arbeitstagen nach Antragstellung und in sonstigen Fällen der Antragstellung bis zum Ablauf von sieben Arbeitstagen nach Antragstellung keine Registriernummer zugeteilt, sind statt der Registriernummer die Wörter „Registriernummer wurde beantragt am" und das Datum der Antragstellung bei der Registrierstelle einzutragen (vorläufiger Inspektionsbericht). Unverzüglich nach Erhalt der Registriernummer hat die inspizierende Person dem Betreiber eine Ausfertigung des Inspektionsberichts mit der eingetragenen Registriernummer zu übermitteln. Nach Zugang des vervollständigten Inspektionsberichts beim Betreiber verliert der vorläufige Inspektionsbericht seine Gültigkeit.

(7) Der Betreiber hat den Inspektionsbericht der nach Landesrecht zuständigen Behörde auf Verlangen vorzulegen.

<u>Abschnitt 4</u>
<u>Anlagen der Heizungs-, Kühl- und Raumlufttechnik sowie der Warmwasserversorgung</u>

-

§ 13 Inbetriebnahme von Heizkesseln

(1) Heizkessel, die mit flüssigen oder gasförmigen Brennstoffen beschickt werden und deren Nennleistung mindestens vier Kilowatt und höchstens 400 Kilowatt beträgt, dürfen zum Zwecke der Inbetriebnahme in Gebäuden nur eingebaut oder aufgestellt werden, wenn sie mit der CE-Kennzeichnung nach § 5 Abs. 1 und 2 der Verordnung über das Inverkehrbringen von Heizkesseln und Geräten nach dem Bauproduktengesetz vom 28. April 1998 (BGBl. I S. 796), die zuletzt durch Artikel 5 des Gesetzes vom 5. Dezember 2012 (BGBl. I S. 2449) geändert worden ist, oder nach Artikel 7 Abs. 1 Satz 2 der Richtlinie 92/42/EWG des Rates vom 21. Mai 1992 über die Wirkungsgrade von mit flüssigen oder gasförmigen Brennstoffen beschickten neuen Warmwasserheizkesseln (ABl. EG Nr. L 167 S. 17, L 195 S. 32), die zuletzt durch die Richtlinie 2008/28/EG des Europäischen Parlaments und des Rates vom 11. März 2008 (ABl. L 81 vom 20.3.2008, S. 48) geändert worden ist, versehen sind. Satz 1 gilt auch für Heizkessel, die aus Geräten zusammengefügt werden, soweit dabei die Parameter beachtet werden, die sich aus der den Geräten beiliegenden EG-Konformitätserklärung ergeben.

(2) Heizkessel dürfen in Gebäuden nur dann zum Zwecke der Inbetriebnahme eingebaut oder aufgestellt werden, wenn die Anforderungen nach Anlage 4a eingehalten werden. Ausgenommen sind bestehende Gebäude, wenn deren Jahres-Primärenergiebedarf den Wert des Jahres-Primärenergiebedarfs des Referenzgebäudes um nicht mehr als 40 vom Hundert überschreitet.

(3) Absatz 1 ist nicht anzuwenden auf

11

1.
einzeln produzierte Heizkessel,

2.
Heizkessel, die für den Betrieb mit Brennstoffen ausgelegt sind, deren Eigenschaften von den marktüblichen flüssigen und gasförmigen Brennstoffen erheblich abweichen,

3.
Anlagen zur ausschließlichen Warmwasserbereitung,

4.
Küchenherde und Geräte, die hauptsächlich zur Beheizung des Raumes, in dem sie eingebaut oder aufgestellt sind, ausgelegt sind, daneben aber auch Warmwasser für die Zentralheizung und für sonstige Gebrauchszwecke liefern,

5.
Geräte mit einer Nennleistung von weniger als sechs Kilowatt zur Versorgung eines Warmwasserspeichersystems mit Schwerkraftumlauf.

-

§ 14 Verteilungseinrichtungen und Warmwasseranlagen

(1) Zentralheizungen müssen beim Einbau in Gebäude mit zentralen selbsttätig wirkenden Einrichtungen zur Verringerung und Abschaltung der Wärmezufuhr sowie zur Ein- und Ausschaltung elektrischer Antriebe in Abhängigkeit von

1.
der Außentemperatur oder einer anderen geeigneten Führungsgröße und

2.
der Zeit
ausgestattet werden. Soweit die in Satz 1 geforderten Ausstattungen bei bestehenden Gebäuden nicht vorhanden sind, muss der Eigentümer sie nachrüsten. Bei Wasserheizungen, die ohne Wärmeübertrager an eine Nah- oder Fernwärmeversorgung angeschlossen sind, gilt Satz 1 hinsichtlich der Verringerung und Abschaltung der Wärmezufuhr auch ohne entsprechende Einrichtungen in den Haus- und Kundenanlagen als eingehalten, wenn die Vorlauftemperatur des Nah- oder Fernwärmenetzes in Abhängigkeit von der Außentemperatur und der Zeit durch entsprechende Einrichtungen in der zentralen Erzeugungsanlage geregelt wird.
(2) Heizungstechnische Anlagen mit Wasser als Wärmeträger müssen beim Einbau in Gebäude mit selbsttätig wirkenden Einrichtungen zur raumweisen Regelung der Raumtemperatur ausgestattet werden; von dieser Pflicht ausgenommen sind Fußbodenheizungen in Räumen mit weniger als sechs Quadratmetern Nutzfläche. Satz 1 gilt nicht für Einzelheizgeräte, die zum Betrieb mit festen oder flüssigen Brennstoffen eingerichtet sind. Mit Ausnahme von Wohngebäuden ist für Gruppen von Räumen gleicher Art und Nutzung eine Gruppenregelung zulässig. Soweit die in Satz 1 bis 3 geforderten Ausstattungen bei bestehenden Gebäuden nicht vorhanden sind, muss der Eigentümer sie nachrüsten; Fußbodenheizungen, die vor dem 1. Februar 2002 eingebaut worden sind, dürfen abweichend von Satz 1 erster Halbsatz mit Einrichtungen zur raumweisen Anpassung der Wärmeleistung an die Heizlast ausgestattet werden.
(3) In Zentralheizungen mit mehr als 25 Kilowatt Nennleistung sind die Umwälzpumpen der Heizkreise beim erstmaligen Einbau und bei der Ersetzung so auszustatten, dass die elektrische Leistungsaufnahme dem betriebsbedingten Förderbedarf selbsttätig in mindestens drei Stufen angepasst wird, soweit sicherheitstechnische Belange des Heizkessels dem nicht entgegenstehen.
(4) Zirkulationspumpen müssen beim Einbau in Warmwasseranlagen mit selbsttätig wirkenden Einrichtungen zur Ein- und Ausschaltung ausgestattet werden.
(5) Beim erstmaligen Einbau und bei der Ersetzung von Wärmeverteilungs- und Warmwasserleitungen sowie von Armaturen in Gebäuden ist deren Wärmeabgabe nach Anlage 5 zu begrenzen.

-

§ 15 Klimaanlagen und sonstige Anlagen der Raumlufttechnik

(1) Beim Einbau von Klimaanlagen mit einer Nennleistung für den Kältebedarf von mehr als zwölf Kilowatt und raumlufttechnischen Anlagen, die für einen Volumenstrom der Zuluft von wenigstens 4 000 Kubikmeter je Stunde ausgelegt sind, in Gebäude sowie bei der Erneuerung von Zentralgeräten oder Luftkanalsystemen solcher Anlagen müssen diese Anlagen so ausgeführt werden, dass

1.
    die auf das Fördervolumen bezogene elektrische Leistung der Einzelventilatoren oder

2.
    der gewichtete Mittelwert der auf das jeweilige Fördervolumen bezogenen elektrischen Leistungen aller Zu- und Abluftventilatoren

bei Auslegungsvolumenstrom den Grenzwert der Kategorie SFP 4 nach DIN EN 13779 : 2007-09 nicht überschreitet. Der Grenzwert für die Klasse SFP 4 kann um Zuschläge nach DIN EN 13779 : 2007-09 Abschnitt 6.5.2 für Gas- und HEPA-Filter sowie Wärmerückführungsbauteile der Klassen H2 oder H1 nach DIN EN 13053 : 2007-11 erweitert werden.

(2) Beim Einbau von Anlagen nach Absatz 1 Satz 1 in Gebäude und bei der Erneuerung von Zentralgeräten solcher Anlagen müssen, soweit diese Anlagen dazu bestimmt sind, die Feuchte der Raumluft unmittelbar zu verändern, diese Anlagen mit selbsttätig wirkenden Regelungseinrichtungen ausgestattet werden, bei denen getrennte Sollwerte für die Be- und die Entfeuchtung eingestellt werden können und als Führungsgröße mindestens die direkt gemessene Zu- oder Abluftfeuchte dient. Sind solche Einrichtungen in bestehenden Anlagen nach Absatz 1 Satz 1 nicht vorhanden, muss der Betreiber sie bei Klimaanlagen innerhalb von sechs Monaten nach Ablauf der jeweiligen Frist des § 12 Absatz 3, bei sonstigen raumlufttechnischen Anlagen in entsprechender Anwendung der jeweiligen Fristen des § 12 Absatz 3, nachrüsten.

(3) Beim Einbau von Anlagen nach Absatz 1 Satz 1 in Gebäude und bei der Erneuerung von Zentralgeräten oder Luftkanalsystemen solcher Anlagen müssen diese Anlagen mit Einrichtungen zur selbsttätigen Regelung der Volumenströme in Abhängigkeit von den thermischen und stofflichen Lasten oder zur Einstellung der Volumenströme in Abhängigkeit von der Zeit ausgestattet werden, wenn der Zuluftvolumenstrom dieser Anlagen je Quadratmeter versorgter Nettogrundfläche, bei Wohngebäuden je Quadratmeter versorgter Gebäudenutzfläche neun Kubikmeter pro Stunde überschreitet. Satz 1 gilt nicht, soweit in den versorgten Räumen auf Grund des Arbeits- oder Gesundheitsschutzes erhöhte Zuluftvolumenströme erforderlich sind oder Laständerungen weder messtechnisch noch hinsichtlich des zeitlichen Verlaufes erfassbar sind.

(4) Werden Kälteverteilungs- und Kaltwasserleitungen und Armaturen, die zu Anlagen im Sinne des Absatzes 1 Satz 1 gehören, erstmalig in Gebäude eingebaut oder ersetzt, ist deren Wärmeaufnahme nach Anlage 5 zu begrenzen.

(5) Werden Anlagen nach Absatz 1 Satz 1 in Gebäude eingebaut oder Zentralgeräte solcher Anlagen erneuert, müssen diese mit einer Einrichtung zur Wärmerückgewinnung ausgestattet sein, die mindestens der Klassifizierung H3 nach DIN EN 13053 : 2007-11 entspricht. Für die Betriebsstundenzahl sind die Nutzungsrandbedingungen nach DIN V 18599-10 : 2011-12 und für den Luftvolumenstrom der Außenluftvolumenstrom maßgebend.

Abschnitt 5
Energieausweise und Empfehlungen für die Verbesserung der Energieeffizienz

-

§ 16 Ausstellung und Verwendung von Energieausweisen

(1) Wird ein Gebäude errichtet, hat der Bauherr sicherzustellen, dass ihm, wenn er zugleich Eigentümer des Gebäudes ist, oder dem Eigentümer des Gebäudes ein Energieausweis nach dem Muster der Anlage 6 oder 7 unter Zugrundelegung der energetischen Eigenschaften des fertig gestellten Gebäudes ausgestellt und der Energieausweis oder eine Kopie hiervon übergeben wird.

Die Ausstellung und die Übergabe müssen unverzüglich nach Fertigstellung des Gebäudes erfolgen. Die Sätze 1 und 2 sind entsprechend anzuwenden, wenn unter Anwendung des § 9 Absatz 1 Satz 2 für das gesamte Gebäude Berechnungen nach § 9 Absatz 2 durchgeführt werden. Der Eigentümer hat den Energieausweis der nach Landesrecht zuständigen Behörde auf Verlangen vorzulegen.

(2) Soll ein mit einem Gebäude bebautes Grundstück, ein grundstücksgleiches Recht an einem bebauten Grundstück oder Wohnungs- oder Teileigentum verkauft werden, hat der Verkäufer dem potenziellen Käufer spätestens bei der Besichtigung einen Energieausweis oder eine Kopie hiervon mit dem Inhalt nach dem Muster der Anlage 6 oder 7 vorzulegen; die Vorlagepflicht wird auch durch einen deutlich sichtbaren Aushang oder ein deutlich sichtbares Auslegen während der Besichtigung erfüllt. Findet keine Besichtigung statt, hat der Verkäufer den Energieausweis oder eine Kopie hiervon mit dem Inhalt nach dem Muster der Anlage 6 oder 7 dem potenziellen Käufer unverzüglich vorzulegen; der Verkäufer muss den Energieausweis oder eine Kopie hiervon spätestens unverzüglich dann vorlegen, wenn der potenzielle Käufer ihn hierzu auffordert. Unverzüglich nach Abschluss des Kaufvertrages hat der Verkäufer dem Käufer den Energieausweis oder eine Kopie hiervon zu übergeben. Die Sätze 1 bis 3 sind entsprechend anzuwenden auf den Vermieter, Verpächter und Leasinggeber bei der Vermietung, der Verpachtung oder dem Leasing eines Gebäudes, einer Wohnung oder einer sonstigen selbständigen Nutzungseinheit.

(3) Der Eigentümer eines Gebäudes, in dem sich mehr als 500 Quadratmeter oder nach dem 8. Juli 2015 mehr als 250 Quadratmeter Nutzfläche mit starkem Publikumsverkehr befinden, der auf behördlicher Nutzung beruht, hat dafür Sorge zu tragen, dass für das Gebäude ein Energieausweis nach dem Muster der Anlage 6 oder 7 ausgestellt wird. Der Eigentümer hat den nach Satz 1 ausgestellten Energieausweis an einer für die Öffentlichkeit gut sichtbaren Stelle auszuhängen. Wird die in Satz 1 genannte Nutzfläche nicht oder nicht überwiegend vom Eigentümer selbst genutzt, so trifft die Pflicht zum Aushang des Energieausweises den Nutzer. Der Eigentümer hat ihm zu diesem Zweck den Energieausweis oder eine Kopie hiervon zu übergeben. Zur Erfüllung der Pflicht nach Satz 1 ist es ausreichend, von einem Energiebedarfsausweis nur die Seiten 1 und 2 nach dem Muster der Anlage 6 oder 7 und von einem Energieverbrauchsausweis nur die Seiten 1 und 3 nach dem Muster der Anlage 6 oder 7 auszuhängen; anstelle des Aushangs eines Energieausweises nach dem Muster der Anlage 7 kann der Aushang auch nach dem Muster der Anlage 8 oder 9 vorgenommen werden.

(4) Der Eigentümer eines Gebäudes, in dem sich mehr als 500 Quadratmeter Nutzfläche mit starkem Publikumsverkehr befinden, der nicht auf behördlicher Nutzung beruht, hat einen Energieausweis an einer für die Öffentlichkeit gut sichtbaren Stelle auszuhängen, sobald für das Gebäude ein Energieausweis vorliegt. Absatz 3 Satz 3 bis 5 ist entsprechend anzuwenden.

(5) Auf kleine Gebäude sind die Vorschriften dieses Abschnitts nicht anzuwenden. Auf Baudenkmäler sind die Absätze 2 bis 4 nicht anzuwenden.

-

§ 16a Pflichtangaben in Immobilienanzeigen

(1) Wird in Fällen des § 16 Absatz 2 Satz 1 vor dem Verkauf eine Immobilienanzeige in kommerziellen Medien aufgegeben und liegt zu diesem Zeitpunkt ein Energieausweis vor, so hat der Verkäufer sicherzustellen, dass die Immobilienanzeige folgende Pflichtangaben enthält:

1.
   die Art des Energieausweises: Energiebedarfsausweis oder Energieverbrauchsausweis im Sinne des § 17 Absatz 1 Satz 1,

2.
   den im Energieausweis genannten Wert des Endenergiebedarfs oder Endenergieverbrauchs für das Gebäude,

3.
   die im Energieausweis genannten wesentlichen Energieträger für die Heizung des Gebäudes,

14

4.

    bei Wohngebäuden das im Energieausweis genannte Baujahr und

5.

    bei Wohngebäuden die im Energieausweis genannte Energieeffizienzklasse.

Bei Nichtwohngebäuden ist bei Energiebedarfs- und bei Energieverbrauchsausweisen als Pflichtangabe nach Satz 1 Nummer 2 der Endenergiebedarf oder Endenergieverbrauch sowohl für Wärme als auch für Strom jeweils getrennt aufzuführen.

(2) Absatz 1 ist entsprechend anzuwenden auf den Vermieter, Verpächter und Leasinggeber bei Immobilienanzeigen zur Vermietung, Verpachtung oder zum Leasing eines Gebäudes, einer Wohnung oder einer sonstigen selbständigen Nutzungseinheit.

(3) Bei Energieausweisen, die nach dem 30. September 2007 und vor dem 1. Mai 2014 ausgestellt worden sind, und bei Energieausweisen nach § 29 Absatz 1 sind die Pflichten der Absätze 1 und 2 nach Maßgabe des § 29 Absatz 2 und 3 zu erfüllen.

-

§ 17 Grundsätze des Energieausweises

(1) Der Aussteller hat Energieausweise nach § 16 auf der Grundlage des berechneten Energiebedarfs (Energiebedarfsausweis) oder des erfassten Energieverbrauchs (Energieverbrauchsausweis) nach Maßgabe der Absätze 2 bis 6 sowie der §§ 18 und 19 auszustellen. Es ist zulässig, sowohl den Energiebedarf als auch den Energieverbrauch anzugeben.

(2) Energieausweise dürfen in den Fällen des § 16 Abs. 1 nur auf der Grundlage des Energiebedarfs ausgestellt werden. In den Fällen des § 16 Abs. 2 sind ab dem 1. Oktober 2008 Energieausweise für Wohngebäude, die weniger als fünf Wohnungen haben und für die der Bauantrag vor dem 1. November 1977 gestellt worden ist, auf der Grundlage des Energiebedarfs auszustellen. Satz 2 gilt nicht, wenn das Wohngebäude

1.

    schon bei der Baufertigstellung das Anforderungsniveau der Wärmeschutzverordnung vom 11. August 1977 (BGBl. I S. 1554) eingehalten hat oder

2.

    durch spätere Änderungen mindestens auf das in Nummer 1 bezeichnete Anforderungsniveau gebracht worden ist.

Bei der Ermittlung der energetischen Eigenschaften des Wohngebäudes nach Satz 3 können die Bestimmungen über die vereinfachte Datenerhebung nach § 9 Abs. 2 Satz 2 und die Datenbereitstellung durch den Eigentümer nach Absatz 5 angewendet werden.

(3) Energieausweise werden für Gebäude ausgestellt. Sie sind für Teile von Gebäuden auszustellen, wenn die Gebäudeteile nach § 22 getrennt zu behandeln sind.

(4) Energieausweise einschließlich Modernisierungsempfehlungen müssen nach Inhalt und Aufbau den Mustern in den Anlagen 6 bis 9 entsprechen und mindestens die dort für die jeweilige Ausweisart geforderten, nicht als freiwillig gekennzeichneten Angaben enthalten. Zusätzliche, nicht personenbezogene Angaben können beigefügt werden. Energieausweise sind vom Aussteller unter Angabe seines Namens, seiner Anschrift und Berufsbezeichnung sowie des Ausstellungsdatums eigenhändig oder durch Nachbildung der Unterschrift zu unterschreiben. Vor Übergabe des neu ausgestellten Energieausweises an den Eigentümer hat der Aussteller die nach § 26c Absatz 2 zugeteilte Registriernummer einzutragen. Hat bei elektronischer Antragstellung die nach § 26c zuständige Registrierstelle bis zum Ablauf von drei Arbeitstagen nach Antragstellung und in sonstigen Fällen der Antragstellung bis zum Ablauf von sieben Arbeitstagen nach Antragstellung keine Registriernummer zugeteilt, sind statt der Registriernummer die Wörter „Registriernummer wurde beantragt am" und das Datum der Antragstellung bei der Registrierstelle einzutragen (vorläufiger Energieausweis). Unverzüglich nach Erhalt der Registriernummer hat der Aussteller dem Eigentümer eine Ausfertigung des Energieausweises mit der eingetragenen Registriernummer zu übermitteln. Nach Zugang des vervollständigten Energieausweises beim Eigentümer verliert der

vorläufige Energieausweis seine Gültigkeit. Die Modernisierungsempfehlungen nach § 20 sind Bestandteil der Energieausweise nach den Mustern in den Anlagen 6 und 7.

(5) Der Eigentümer kann die zur Ausstellung des Energieausweises nach § 18 Absatz 1 Satz 1 oder Absatz 2 Satz 1 in Verbindung mit den Anlagen 1, 2 und 3 Nummer 8 oder nach § 19 Absatz 1 Satz 1 und 3, Absatz 2 Satz 1 oder 5 und Absatz 3 Satz 1 erforderlichen Daten bereitstellen. Der Eigentümer muss dafür Sorge tragen, dass die von ihm nach Satz 1 bereitgestellten Daten richtig sind. Der Aussteller darf die vom Eigentümer bereitgestellten Daten seinen Berechnungen nicht zugrunde legen, soweit begründeter Anlass zu Zweifeln an deren Richtigkeit besteht. Soweit der Aussteller des Energieausweises die Daten selbst ermittelt hat, ist Satz 2 entsprechend anzuwenden.

(6) Energieausweise sind für eine Gültigkeitsdauer von zehn Jahren auszustellen. Unabhängig davon verlieren Energieausweise ihre Gültigkeit, wenn nach § 16 Absatz 1 ein neuer Energieausweis erforderlich wird.

-

§ 18 Ausstellung auf der Grundlage des Energiebedarfs

(1) Werden Energieausweise für zu errichtende Gebäude auf der Grundlage des berechneten Energiebedarfs ausgestellt, sind die Ergebnisse der nach den §§ 3 bis 5 erforderlichen Berechnungen zugrunde zu legen. Die Ergebnisse sind in den Energieausweisen anzugeben, soweit ihre Angabe für Energiebedarfswerte in den Mustern der Anlagen 6 bis 8 vorgesehen ist. In den Fällen des § 3 Absatz 5 Satz 3 sind die Kennwerte zu verwenden, die in den Bekanntmachungen nach § 3 Absatz 5 Satz 1 der jeweils zutreffenden Ausstattungsvariante zugewiesen sind.

(2) Werden Energieausweise für bestehende Gebäude auf der Grundlage des berechneten Energiebedarfs ausgestellt, ist auf die erforderlichen Berechnungen § 9 Abs. 2 entsprechend anzuwenden. Die Ergebnisse sind in den Energieausweisen anzugeben, soweit ihre Angabe für Energiebedarfswerte in den Mustern der Anlagen 6 bis 8 vorgesehen ist.

-

§ 19 Ausstellung auf der Grundlage des Energieverbrauchs

(1) Werden Energieausweise für bestehende Gebäude auf der Grundlage des erfassten Energieverbrauchs ausgestellt, sind der witterungsbereinigte Endenergie- und Primärenergieverbrauch nach Maßgabe der Absätze 2 und 3 zu berechnen. Die Ergebnisse sind in den Energieausweisen anzugeben, soweit ihre Angabe für Energieverbrauchswerte in den Mustern der Anlagen 6, 7 und 9 vorgesehen ist. Die Bestimmungen des § 9 Abs. 2 Satz 2 über die vereinfachte Datenerhebung sind entsprechend anzuwenden.

(2) Bei Wohngebäuden ist der Endenergieverbrauch für Heizung und Warmwasserbereitung zu ermitteln und in Kilowattstunden pro Jahr und Quadratmeter Gebäudenutzfläche anzugeben. Ist im Fall dezentraler Warmwasserbereitung in Wohngebäuden der hierauf entfallende Verbrauch nicht bekannt, ist der Endenergieverbrauch um eine Pauschale von 20 Kilowattstunden pro Jahr und Quadratmeter Gebäudenutzfläche zu erhöhen. Im Fall der Kühlung von Raumluft in Wohngebäuden ist der für Heizung und Warmwasser ermittelte Endenergieverbrauch um eine Pauschale von 6 Kilowattstunden pro Jahr und Quadratmeter gekühlte Gebäudenutzfläche zu erhöhen. Ist die Gebäudenutzfläche nicht bekannt, kann sie bei Wohngebäuden mit bis zu zwei Wohneinheiten mit beheiztem Keller pauschal mit dem 1,35fachen Wert der Wohnfläche, bei sonstigen Wohngebäuden mit dem 1,2fachen Wert der Wohnfläche angesetzt werden. Bei Nichtwohngebäuden ist der Endenergieverbrauch für Heizung, Warmwasserbereitung, Kühlung, Lüftung und eingebaute Beleuchtung zu ermitteln und in Kilowattstunden pro Jahr und Quadratmeter Nettogrundfläche anzugeben. Der Endenergieverbrauch für Heizung ist einer Witterungsbereinigung zu unterziehen. Der Primärenergieverbrauch wird auf der Grundlage des Endenergieverbrauchs und der Primärenergiefaktoren nach Anlage 1 Nummer 2.1.1 Satz 2 bis 7 errechnet.

16

(3) Zur Ermittlung des Energieverbrauchs sind

1.
   Verbrauchsdaten aus Abrechnungen von Heizkosten nach der Heizkostenverordnung für das gesamte Gebäude,

2.
   andere geeignete Verbrauchsdaten, insbesondere Abrechnungen von Energielieferanten oder sachgerecht durchgeführte Verbrauchsmessungen, oder

3.
   eine Kombination von Verbrauchsdaten nach den Nummern 1 und 2

zu verwenden; dabei sind mindestens die Abrechnungen aus einem zusammenhängenden Zeitraum von 36 Monaten zugrunde zu legen, der die jüngste vorliegende Abrechnungsperiode einschließt. Bei der Ermittlung nach Satz 1 sind längere Leerstände rechnerisch angemessen zu berücksichtigen. Der maßgebliche Energieverbrauch ist der durchschnittliche Verbrauch in dem zugrunde gelegten Zeitraum. Für die Witterungsbereinigung des Endenergieverbrauchs und die angemessene rechnerische Berücksichtigung längerer Leerstände sowie die Berechnung des Primärenergieverbrauchs auf der Grundlage des ermittelten Endenergieverbrauchs ist ein den anerkannten Regeln der Technik entsprechendes Verfahren anzuwenden. Die Einhaltung der anerkannten Regeln der Technik wird vermutet, soweit bei der Ermittlung des Energieverbrauchs Vereinfachungen verwendet werden, die vom Bundesministerium für Verkehr, Bau und Stadtentwicklung im Einvernehmen mit dem Bundesministerium für Wirtschaft und Technologie im Bundesanzeiger bekannt gemacht worden sind.

(4) Als Vergleichswerte für den Energieverbrauch eines Nichtwohngebäudes sind in den Energieausweis die Werte einzutragen, die jeweils vom Bundesministerium für Verkehr, Bau und Stadtentwicklung im Einvernehmen mit dem Bundesministerium für Wirtschaft und Technologie im Bundesanzeiger bekannt gemacht worden sind.

-

§ 20 Empfehlungen für die Verbesserung der Energieeffizienz

Der Aussteller des Energieausweises hat dem Eigentümer im Energieausweis Empfehlungen für Maßnahmen zur kosteneffizienten Verbesserung der energetischen Eigenschaften des Gebäudes (Energieeffizienz) in Form von kurz gefassten fachlichen Hinweisen zu geben (Modernisierungsempfehlungen), es sei denn, solche Maßnahmen sind nicht möglich. Die Modernisierungsempfehlungen beziehen sich auf Maßnahmen am gesamten Gebäude, an einzelnen Außenbauteilen sowie an Anlagen und Einrichtungen im Sinne dieser Verordnung. In den Modernisierungsempfehlungen kann ergänzend auf weiterführende Hinweise in Veröffentlichungen des Bundesministeriums für Verkehr, Bau und Stadtentwicklung im Einvernehmen mit dem Bundesministerium für Wirtschaft und Technologie oder in Veröffentlichungen von ihnen beauftragter Dritter Bezug genommen werden. Die Bestimmungen des § 9 Absatz 2 Satz 2 über die vereinfachte Datenerhebung sind entsprechend anzuwenden. Sind Modernisierungsempfehlungen nicht möglich, hat der Aussteller dies im Energieausweis zu vermerken.

-

§ 21 Ausstellungsberechtigung für bestehende Gebäude

(1) Zur Ausstellung von Energieausweisen für bestehende Gebäude nach § 16 Absatz 2 bis 4 sind nur berechtigt

1.
   Personen mit berufsqualifizierendem Hochschulabschluss in
   a)
      den Fachrichtungen Architektur, Hochbau, Bauingenieurwesen, Technische

17

	b)	Gebäudeausrüstung, Physik, Bauphysik, Maschinenbau oder Elektrotechnik oder

einer anderen technischen oder naturwissenschaftlichen Fachrichtung mit einem Ausbildungsschwerpunkt auf einem unter Buchstabe a genannten Gebiet,

2.

Personen im Sinne der Nummer 1 Buchstabe a im Bereich Architektur der Fachrichtung Innenarchitektur,

3.

Personen, die für ein zulassungspflichtiges Bau-, Ausbau- oder anlagentechnisches Gewerbe oder für das Schornsteinfegerwesen die Voraussetzungen zur Eintragung in die Handwerksrolle erfüllen, sowie Handwerksmeister der zulassungsfreien Handwerke dieser Bereiche und Personen, die auf Grund ihrer Ausbildung berechtigt sind, ein solches Handwerk ohne Meistertitel selbständig auszuüben,

4.

staatlich anerkannte oder geprüfte Techniker, deren Ausbildungsschwerpunkt auch die Beurteilung der Gebäudehülle, die Beurteilung von Heizungs- und Warmwasserbereitungsanlagen oder die Beurteilung von Lüftungs- und Klimaanlagen umfasst,

5.

Personen, die nach bauordnungsrechtlichen Vorschriften der Länder zur Unterzeichnung von bautechnischen Nachweisen des Wärmeschutzes oder der Energieeinsparung bei der Errichtung von Gebäuden berechtigt sind, im Rahmen der jeweiligen Nachweisberechtigung, wenn sie mit Ausnahme der in Nummer 5 genannten Personen mindestens eine der in Absatz 2 genannten Voraussetzungen erfüllen. Die Ausstellungsberechtigung nach Satz 1 Nr. 2 bis 4 in Verbindung mit Absatz 2 bezieht sich nur auf Energieausweise für bestehende Wohngebäude. Für Personen im Sinne des Satzes 1 Nummer 1 ist die Ausstellungsberechtigung auf bestehende Wohngebäude beschränkt, wenn sich ihre Fortbildung im Sinne des Absatzes 2 Nummer 2 Buchstabe b auf Wohngebäude beschränkt hat und keine andere Voraussetzung des Absatzes 2 erfüllt ist.

(2) Voraussetzung für die Ausstellungsberechtigung nach Absatz 1 Satz 1 Nummer 1 bis 4 ist

1.

während des Studiums ein Ausbildungsschwerpunkt im Bereich des energiesparenden Bauens oder nach einem Studium ohne einen solchen Schwerpunkt eine mindestens zweijährige Berufserfahrung in wesentlichen bau- oder anlagentechnischen Tätigkeitsbereichen des Hochbaus,

2.

eine erfolgreiche Fortbildung im Bereich des energiesparenden Bauens, die

a) in Fällen des Absatzes 1 Satz 1 Nr. 1 den wesentlichen Inhalten der Anlage 11,

b) in Fällen des Absatzes 1 Satz 1 Nr. 2 bis 4 den wesentlichen Inhalten der Anlage 11 Nr. 1 und 2

entspricht, oder

3.

eine öffentliche Bestellung als vereidigter Sachverständiger für ein Sachgebiet im Bereich des energiesparenden Bauens oder in wesentlichen bau- oder anlagentechnischen Tätigkeitsbereichen des Hochbaus.

(2a) (weggefallen)

(3) § 12 Abs. 5 Satz 3 ist auf Ausbildungen im Sinne des Absatzes 1 entsprechend anzuwenden.

Abschnitt 6
Gemeinsame Vorschriften, Ordnungswidrigkeiten

-

18

§ 22 Gemischt genutzte Gebäude

(1) Teile eines Wohngebäudes, die sich hinsichtlich der Art ihrer Nutzung und der gebäudetechnischen Ausstattung wesentlich von der Wohnnutzung unterscheiden und die einen nicht unerheblichen Teil der Gebäudenutzfläche umfassen, sind getrennt als Nichtwohngebäude zu behandeln.

(2) Teile eines Nichtwohngebäudes, die dem Wohnen dienen und einen nicht unerheblichen Teil der Nettogrundfläche umfassen, sind getrennt als Wohngebäude zu behandeln.

(3) Für die Berechnung von Trennwänden und Trenndecken zwischen Gebäudeteilen gilt in Fällen der Absätze 1 und 2 Anlage 1 Nr. 2.6 Satz 1 entsprechend.

-

§ 23 Regeln der Technik

(1) Das Bundesministerium für Verkehr, Bau und Stadtentwicklung kann im Einvernehmen mit dem Bundesministerium für Wirtschaft und Technologie durch Bekanntmachung im Bundesanzeiger auf Veröffentlichungen sachverständiger Stellen über anerkannte Regeln der Technik hinweisen, soweit in dieser Verordnung auf solche Regeln Bezug genommen wird.

(2) Zu den anerkannten Regeln der Technik gehören auch Normen, technische Vorschriften oder sonstige Bestimmungen anderer Mitgliedstaaten der Europäischen Union und anderer Vertragsstaaten des Abkommens über den Europäischen Wirtschaftsraum sowie der Türkei, wenn ihre Einhaltung das geforderte Schutzniveau in Bezug auf Energieeinsparung und Wärmeschutz dauerhaft gewährleistet.

(3) Soweit eine Bewertung von Baustoffen, Bauteilen und Anlagen im Hinblick auf die Anforderungen dieser Verordnung auf Grund anerkannter Regeln der Technik nicht möglich ist, weil solche Regeln nicht vorliegen oder wesentlich von ihnen abgewichen wird, sind der nach Landesrecht zuständigen Behörde die erforderlichen Nachweise für eine anderweitige Bewertung vorzulegen. Satz 1 gilt nicht für Baustoffe, Bauteile und Anlagen,

1.
    soweit für sie die Bewertung auch im Hinblick auf die Anforderungen zur Energieeinsparung im Sinne dieser Verordnung durch die Verordnung (EU) Nr. 305/2011 des Europäischen Parlaments und des Rates vom 9. März 2011 zur Festlegung harmonisierter Bedingungen für die Vermarktung von Bauprodukten und zur Aufhebung der Richtlinie 89/106/EWG des Rates (ABl. L 88 vom 4.4.2011, S. 5) oder durch nationale Rechtsvorschriften zur Umsetzung oder Durchführung von Rechtsvorschriften der Europäischen Union gewährleistet wird, erforderliche CE-Kennzeichnungen angebracht wurden und nach den genannten Vorschriften zulässige Klassen und Leistungsstufen nach Maßgabe landesrechtlicher Vorschriften eingehalten werden, oder

2.
    bei denen nach bauordnungsrechtlichen Vorschriften über die Verwendung von Bauprodukten auch die Einhaltung dieser Verordnung sichergestellt wird.

(4) Das Bundesministerium für Verkehr, Bau und Stadtentwicklung und das Bundesministerium für Wirtschaft und Technologie oder in deren Auftrag Dritte können Bekanntmachungen nach dieser Verordnung neben der Bekanntmachung im Bundesanzeiger auch kostenfrei in das Internet einstellen.

(5) Verweisen die nach dieser Verordnung anzuwendenden datierten technischen Regeln auf undatierte technische Regeln, sind diese in der Fassung anzuwenden, die dem Stand zum Zeitpunkt der Herausgabe der datierten technischen Regel entspricht.

-

§ 24 Ausnahmen

(1) Soweit bei Baudenkmälern oder sonstiger besonders erhaltenswerter Bausubstanz die Erfüllung der Anforderungen dieser Verordnung die Substanz oder das Erscheinungsbild beeinträchtigen oder andere Maßnahmen zu einem unverhältnismäßig hohen Aufwand führen, kann von den Anforderungen dieser Verordnung abgewichen werden.

(2) Soweit die Ziele dieser Verordnung durch andere als in dieser Verordnung vorgesehene Maßnahmen im gleichen Umfang erreicht werden, lassen die nach Landesrecht zuständigen Behörden auf Antrag Ausnahmen zu.

-

§ 25 Befreiungen

(1) Die nach Landesrecht zuständigen Behörden haben auf Antrag von den Anforderungen dieser Verordnung zu befreien, soweit die Anforderungen im Einzelfall wegen besonderer Umstände durch einen unangemessenen Aufwand oder in sonstiger Weise zu einer unbilligen Härte führen. Eine unbillige Härte liegt insbesondere vor, wenn die erforderlichen Aufwendungen innerhalb der üblichen Nutzungsdauer, bei Anforderungen an bestehende Gebäude innerhalb angemessener Frist durch die eintretenden Einsparungen nicht erwirtschaftet werden können.

(2) Absatz 1 ist auf die Vorschriften des Abschnitts 5 nicht anzuwenden.

-

§ 26 Verantwortliche

(1) Für die Einhaltung der Vorschriften dieser Verordnung ist der Bauherr verantwortlich, soweit in dieser Verordnung nicht ausdrücklich ein anderer Verantwortlicher bezeichnet ist.

(2) Für die Einhaltung der Vorschriften dieser Verordnung sind im Rahmen ihres jeweiligen Wirkungskreises auch die Personen verantwortlich, die im Auftrag des Bauherrn bei der Errichtung oder Änderung von Gebäuden oder der Anlagentechnik in Gebäuden tätig werden.

-

§ 26a Private Nachweise

(1) Wer geschäftsmäßig an oder in bestehenden Gebäuden Arbeiten

1.
     zur Änderung von Außenbauteilen im Sinne des § 9 Absatz 1 Satz 1,

2.
     zur Dämmung oberster Geschossdecken im Sinne von § 10 Absatz 3, auch in Verbindung mit Absatz 4, oder

3.
     zum erstmaligen Einbau oder zur Ersetzung von Heizkesseln und sonstigen Wärmeerzeugersystemen nach § 13, Verteilungseinrichtungen oder Warmwasseranlagen nach § 14 oder Klimaanlagen oder sonstigen Anlagen der Raumlufttechnik nach § 15

durchführt, hat dem Eigentümer unverzüglich nach Abschluss der Arbeiten schriftlich zu bestätigen, dass die von ihm geänderten oder eingebauten Bau- oder Anlagenteile den Anforderungen dieser Verordnung entsprechen (Unternehmererklärung).

(2) Mit der Unternehmererklärung wird die Erfüllung der Pflichten aus den in Absatz 1 genannten Vorschriften nachgewiesen. Die Unternehmererklärung ist von dem Eigentümer mindestens fünf Jahre aufzubewahren. Der Eigentümer hat die Unternehmererklärungen der nach Landesrecht zuständigen Behörde auf Verlangen vorzulegen.

-

20

§ 26b Aufgaben des bevollmächtigten Bezirksschornsteinfegers

(1) Bei heizungstechnischen Anlagen prüft der bevollmächtigte Bezirksschornsteinfeger als Beliehener im Rahmen der Feuerstättenschau, ob

1. Heizkessel, die nach § 10 Absatz 1, auch in Verbindung mit Absatz 4, außer Betrieb genommen werden mussten, weiterhin betrieben werden und

2. Wärmeverteilungs- und Warmwasserleitungen sowie Armaturen, die nach § 10 Absatz 2, auch in Verbindung mit Absatz 4, gedämmt werden mussten, weiterhin ungedämmt sind.

(2) Bei heizungstechnischen Anlagen, die in bestehende Gebäude eingebaut werden, prüft der bevollmächtigte Bezirksschornsteinfeger im Rahmen der bauordnungsrechtlichen Abnahme der Anlage oder, wenn eine solche Abnahme nicht vorgesehen ist, als Beliehener im Rahmen der ersten Feuerstättenschau nach dem Einbau außerdem, ob

1. die Anforderungen nach § 11 Absatz 1 Satz 2 erfüllt sind,

2. Zentralheizungen mit einer zentralen selbsttätig wirkenden Einrichtung zur Verringerung und Abschaltung der Wärmezufuhr sowie zur Ein- und Ausschaltung elektrischer Antriebe nach § 14 Absatz 1 ausgestattet sind,

3. Umwälzpumpen in Zentralheizungen mit Vorrichtungen zur selbsttätigen Anpassung der elektrischen Leistungsaufnahme nach § 14 Absatz 3 ausgestattet sind,

4. bei Wärmeverteilungs- und Warmwasserleitungen sowie Armaturen die Wärmeabgabe nach § 14 Absatz 5 begrenzt ist.

(3) Der bevollmächtigte Bezirksschornsteinfeger weist den Eigentümer bei Nichterfüllung der Pflichten aus den in den Absätzen 1 und 2 genannten Vorschriften schriftlich auf diese Pflichten hin und setzt eine angemessene Frist zu deren Nacherfüllung. Werden die Pflichten nicht innerhalb der festgesetzten Frist erfüllt, unterrichtet der bevollmächtigte Bezirksschornsteinfeger unverzüglich die nach Landesrecht zuständige Behörde.

(4) Die Erfüllung der Pflichten aus den in den Absätzen 1 und 2 genannten Vorschriften kann durch Vorlage der Unternehmererklärungen gegenüber dem bevollmächtigten Bezirksschornsteinfeger nachgewiesen werden. Es bedarf dann keiner weiteren Prüfung durch den bevollmächtigten Bezirksschornsteinfeger.

(5) Eine Prüfung nach Absatz 1 findet nicht statt, soweit eine vergleichbare Prüfung durch den bevollmächtigten Bezirksschornsteinfeger bereits auf der Grundlage von Landesrecht für die jeweilige heizungstechnische Anlage vor dem 1. Oktober 2009 erfolgt ist.

-

§ 26c Registriernummern

(1) Wer einen Inspektionsbericht nach § 12 oder einen Energieausweis nach § 17 ausstellt, hat für diesen Bericht oder für diesen Energieausweis bei der zuständigen Behörde (Registrierstelle) eine Registriernummer zu beantragen. Der Antrag ist grundsätzlich elektronisch zu stellen. Eine Antragstellung in Papierform ist zulässig, soweit die elektronische Antragstellung für den Antragsteller eine unbillige Härte bedeuten würde. Bei der Antragstellung sind Name und Anschrift der nach Satz 1 antragstellenden Person, das Bundesland und die Postleitzahl der Belegenheit des Gebäudes, das Ausstellungsdatum des Inspektionsberichts oder des Energieausweises anzugeben sowie

1. in Fällen des § 12 die Nennleistung der inspizierten Klimaanlage,

2.

in Fällen des § 17

a)

die Art des Energieausweises: Energiebedarfs- oder Energieverbrauchsausweis und

b)

die Art des Gebäudes: Wohn- oder Nicht'-wohngebäude, Neubau oder bestehendes Gebäude.

(2) Die Registrierstelle teilt dem Antragsteller für jeden neu ausgestellten Inspektionsbericht oder Energieausweis eine Registriernummer zu. Die Registriernummer ist unverzüglich nach Antragstellung zu erteilen.

-

§ 26d Stichprobenkontrollen von Energieausweisen und Inspektionsberichten über Klimaanlagen

(1) Die zuständige Behörde (Kontrollstelle) unterzieht Inspektionsberichte über Klimaanlagen nach § 12 und Energieausweise nach § 17 nach Maßgabe der folgenden Absätze einer Stichprobenkontrolle.

(2) Die Stichproben müssen jeweils einen statistisch signifikanten Prozentanteil aller in einem Kalenderjahr neu ausgestellten Energieausweise und neu ausgestellten Inspektionsberichte über Klimaanlagen erfassen.

(3) Die Kontrollstelle kann bei der Registrierstelle Registriernummern und dort vorliegende Angaben nach § 26c Absatz 1 zu neu ausgestellten Energieausweisen und Inspektionsberichten über im jeweiligen Land belegene Gebäude und Klimaanlagen erheben, speichern und nutzen, soweit dies für die Vorbereitung der Durchführung der Stichprobenkontrollen erforderlich ist. Nach dem Abschluss der Stichprobenkontrolle hat die Kontrollstelle die Daten nach Satz 1 jeweils im Einzelfall unverzüglich zu löschen. Kommt es auf Grund der Stichprobenkontrolle zur Einleitung eines Bußgeldverfahrens gegen den Ausweisaussteller nach § 27 Absatz 2 Nummer 7, 8 oder 9 oder Absatz 3 Nummer 1 oder 3 oder gegen die inspizierende Person nach § 27 Absatz 2 Nummer 2 oder Absatz 3 Nummer 1 oder 3, so sind abweichend von Satz 2 die Daten nach Satz 1, soweit diese im Rahmen des Bußgeldverfahrens erforderlich sind, erst nach dessen rechtskräftigem Abschluss jeweils im Einzelfall unverzüglich zu löschen.

(4) Die gezogene Stichprobe von Energieausweisen wird von der Kontrollstelle auf der Grundlage der nachstehenden Optionen oder gleichwertiger Maßnahmen überprüft:

1.

Validitätsprüfung der Eingabe-Gebäudedaten, die zur Ausstellung des Energieausweises verwendet wurden, und der im Energieausweis angegebenen Ergebnisse;

2.

Prüfung der Eingabe-Gebäudedaten und Überprüfung der im Energieausweis angegebenen Ergebnisse einschließlich der abgegebenen Modernisierungsempfehlungen;

3.

vollständige Prüfung der Eingabe-Gebäudedaten, die zur Ausstellung des Energieausweises verwendet wurden, vollständige Überprüfung der im Energieausweis angegebenen Ergebnisse einschließlich der abgegebenen Modernisierungsempfehlungen und, falls dies insbesondere auf Grund des Einverständnisses des Eigentümers des Gebäudes möglich ist, Inaugenscheinnahme des Gebäudes zur Prüfung der Übereinstimmung zwischen den im Energieausweis angegebenen Spezifikationen mit dem Gebäude, für das der Energieausweis erstellt wurde.

Wird im Rahmen der Stichprobe ein Energieausweis gezogen, der bereits auf der Grundlage von Landesrecht einer zumindest gleichwertigen Überprüfung unterzogen wurde, findet keine erneute Überprüfung statt. Die auf der Grundlage von Landesrecht bereits durchgeführte Überprüfung gilt als Überprüfung im Sinne derjenigen Option nach Satz 1, der sie gleichwertig ist.

(5) Aussteller von Energieausweisen sind verpflichtet, Kopien der von ihnen ausgestellten Energieausweise und der zu deren Ausstellung verwendeten Daten und Unterlagen zwei Jahre ab

dem Ausstellungsdatum des jeweiligen Energieausweises aufzubewahren.

(6) Die Kontrollstelle kann zur Durchführung der Überprüfung nach Absatz 4 in Verbindung mit Absatz 1 vom jeweiligen Aussteller die Übermittlung einer Kopie des Energieausweises und die zu dessen Ausstellung verwendeten Daten und Unterlagen verlangen. Der Aussteller ist verpflichtet, dem Verlangen der Kontrollbehörde zu entsprechen. Der Energieausweis sowie die Daten und Unterlagen sind der Kontrollstelle grundsätzlich in elektronischer Form zu übermitteln. Eine Übermittlung in Papierform ist zulässig, soweit die elektronische Übermittlung für den Antragsteller eine unbillige Härte bedeuten würde. Angaben zum Eigentümer und zur Adresse des Gebäudes darf die Kontrollstelle nur verlangen, soweit dies zur Durchführung der Überprüfung im Einzelfall erforderlich ist; werden die im ersten Halbsatz genannten Angaben von der Kontrollstelle nicht verlangt, hat der Aussteller Angaben zum Eigentümer und zur Adresse des Gebäudes in der Kopie des Energieausweises sowie in den zu dessen Ausstellung verwendeten Daten und Unterlagen vor der Übermittlung unkenntlich zu machen. Im Fall der Übermittlung von Angaben nach Satz 5 erster Halbsatz in Verbindung mit Satz 2 hat der Aussteller des Energieausweises den Eigentümer des Gebäudes hierüber unverzüglich zu informieren.

(7) Die vom Aussteller nach Absatz 6 übermittelten Kopien von Energieausweisen, Daten und Unterlagen dürfen, soweit sie personenbezogene Daten enthalten, von der Kontrollstelle nur für die Durchführung der Stichprobenkontrollen und hieraus resultierender Bußgeldverfahren gegen den Ausweisaussteller nach § 27 Absatz 2 Nummer 7, 8 oder 9 oder Absatz 3 Nummer 1 oder 3 erhoben, gespeichert und genutzt werden, soweit dies im Einzelfall jeweils erforderlich ist. Die in Satz 1 genannten Kopien, Daten und Unterlagen dürfen nur so lange aufbewahrt werden, wie dies zur Durchführung der Stichprobenkontrollen und der Bußgeldverfahren im Einzelfall erforderlich ist. Sie sind nach Durchführung der Stichprobenkontrollen und bei Einleitung von Bußgeldverfahren nach deren rechtskräftigem Abschluss jeweils im Einzelfall unverzüglich zu löschen. Im Übrigen bleiben die Datenschutzgesetze des Bundes und der Länder sowie andere Vorschriften des Bundes und der Länder zum Schutz personenbezogener Daten unberührt.

(8) Die Absätze 5 bis 7 sind auf die Durchführung der Stichprobenkontrolle von Inspektionsberichten über Klimaanlagen entsprechend anzuwenden.

-

§ 26e Nicht personenbezogene Auswertung von Daten

(1) Die Kontrollstelle kann den nicht personenbezogenen Anteil der Daten, die sie im Rahmen des § 26d Absatz 3 Satz 1, Absatz 4, 6 Satz 1 bis 4 und Absatz 8 erhoben und gespeichert hat, unbefristet zur Verbesserung der Erfüllung von Aufgaben der Energieeinsparung auswerten.

(2) Die Auswertung kann sich bei Energieausweisen insbesondere auf folgende Merkmale beziehen:

1.
    Art des Energieausweises: Energiebedarfs- oder Energieverbrauchsausweis,
2.
    Anlass der Ausstellung des Energieausweises nach § 16 Absatz 1 Satz 1, Absatz 1 Satz 3, Absatz 2 Satz 1, Absatz 2 Satz 4 oder Absatz 3 Satz 1,
3.
    Art des Gebäudes: Wohn- oder Nichtwohngebäude, Neubau oder bestehendes Gebäude,
4.
    Gebäudeeigenschaften, wie die Eigenschaften der wärmeübertragenden Umfassungsfläche und die Art der heizungs-, kühl- und raumlufttechnischen Anlagentechnik sowie die Warmwasserversorgung, bei Nichtwohngebäuden auch die Art der Nutzung und die Zonierung,
5.
    Werte des Endenergiebedarfs oder -verbrauchs sowie des Primärenergiebedarfs oder -verbrauchs für das Gebäude,
6.

23

7.
wesentliche Energieträger für Heizung und Warmwasser,

8.
Einsatz erneuerbarer Energien und

Land und Landkreis der Belegenheit des Gebäudes ohne Angabe des Ortes, der Straße und der Hausnummer.

(3) Die Auswertung kann sich bei Inspektionsberichten über Klimaanlagen insbesondere auf folgende Merkmale beziehen:

1.
Nennleistung der inspizierten Klimaanlage,

2.
Art des Gebäudes: Wohn- oder Nichtwohngebäude und

3.
Land und Landkreis der Belegenheit des Gebäudes, ohne Angabe des Ortes, der Straße und der Hausnummer.

-

§ 26f Erfahrungsberichte der Länder

Die Länder berichten der Bundesregierung erstmals zum 1. März 2017, danach alle drei Jahre, über die wesentlichen Erfahrungen mit den Stichprobenkontrollen nach § 26d. Die Berichte dürfen keine personenbezogenen Daten enthalten.

-

§ 27 Ordnungswidrigkeiten

(1) Ordnungswidrig im Sinne des § 8 Abs. 1 Nr. 1 des Energieeinsparungsgesetzes handelt, wer vorsätzlich oder leichtfertig

1.
entgegen § 3 Absatz 1 ein Wohngebäude nicht richtig errichtet,

2.
entgegen § 4 Absatz 1 ein Nichtwohngebäude nicht richtig errichtet,

3.
entgegen § 9 Absatz 1 Satz 1 Änderungen ausführt,

4.
entgegen § 10 Absatz 1 Satz 1, 2 oder Satz 3 einen Heizkessel betreibt,

5.
entgegen § 10 Absatz 2 nicht dafür sorgt, dass eine dort genannte Leitung oder eine dort genannte Armatur gedämmt ist,

6.
entgegen § 10 Absatz 3 Satz 1 nicht dafür sorgt, dass eine dort genannte Geschossdecke gedämmt ist,

7.
entgegen § 13 Abs. 1 Satz 1, auch in Verbindung mit Satz 2, einen Heizkessel einbaut oder aufstellt,

8.
entgegen § 14 Abs. 1 Satz 1, Abs. 2 Satz 1 oder Abs. 3 eine Zentralheizung, eine heizungstechnische Anlage oder eine Umwälzpumpe nicht oder nicht rechtzeitig ausstattet oder

9.
entgegen § 14 Abs. 5 die Wärmeabgabe von Wärmeverteilungs- oder Warmwasserleitungen

24

oder Armaturen nicht oder nicht rechtzeitig begrenzt.

(2) Ordnungswidrig im Sinne des § 8 Absatz 1 Nummer 2 des Energieeinsparungsgesetzes handelt, wer vorsätzlich oder leichtfertig

1.
   entgegen § 12 Absatz 1 eine Inspektion nicht oder nicht rechtzeitig durchführen lässt,

2.
   entgegen § 12 Absatz 5 Satz 1 eine Inspektion durchführt,

3.
   entgegen § 16 Absatz 1 Satz 1 nicht sicherstellt, dass ein Energieausweis oder eine Kopie hiervon übergeben wird,

4.
   entgegen § 16 Absatz 2 Satz 1 erster Halbsatz oder Satz 2 zweiter Halbsatz, jeweils auch in Verbindung mit Satz 4, einen Energieausweis oder eine Kopie hiervon nicht, nicht vollständig oder nicht rechtzeitig vorlegt,

5.
   entgegen § 16 Absatz 2 Satz 3, auch in Verbindung mit Satz 4, einen Energieausweis oder eine Kopie hiervon nicht, nicht vollständig oder nicht rechtzeitig übergibt,

6.
   entgegen § 16a Absatz 1 Satz 1, auch in Verbindung mit Absatz 2, nicht sicherstellt, dass in der Immobilienanzeige die Pflichtangaben enthalten sind,

7.
   entgegen § 17 Absatz 5 Satz 2, auch in Verbindung mit Satz 4, nicht dafür Sorge trägt, dass die bereitgestellten Daten richtig sind,

8.
   entgegen § 17 Absatz 5 Satz 3 bereitgestellte Daten seinen Berechnungen zugrunde legt oder

9.
   entgegen § 21 Absatz 1 Satz 1 einen Energieausweis ausstellt.

(3) Ordnungswidrig im Sinne des § 8 Absatz 1 Nummer 3 des Energieeinsparungsgesetzes handelt, wer vorsätzlich oder leichtfertig

1.
   entgegen § 12 Absatz 6 Satz 3 oder Satz 4 oder § 17 Absatz 4 Satz 4 oder Satz 5 die zugeteilte Registriernummer oder das Datum der Antragstellung nicht, nicht richtig oder nicht rechtzeitig einträgt,

2.
   entgegen § 26a Absatz 1 eine Bestätigung nicht, nicht richtig oder nicht rechtzeitig vornimmt oder

3.
   einer vollziehbaren Anordnung nach § 26d Absatz 6 Satz 1, auch in Verbindung mit Absatz 8, zuwiderhandelt.

<u>Abschnitt 7</u>
<u>Schlussvorschriften</u>

-

§ 28 Allgemeine Übergangsvorschriften

(1) Auf Vorhaben, welche die Errichtung, die Änderung, die Erweiterung oder den Ausbau von Gebäuden zum Gegenstand haben, ist diese Verordnung in der zum Zeitpunkt der Bauantragstellung oder der Bauanzeige geltenden Fassung anzuwenden.

(2) Auf nicht genehmigungsbedürftige Vorhaben, die nach Maßgabe des Bauordnungsrechts der Gemeinde zur Kenntnis zu geben sind, ist diese Verordnung in der zum Zeitpunkt der Kenntnisgabe

gegenüber der zuständigen Behörde geltenden Fassung anzuwenden.

(3) Auf sonstige nicht genehmigungsbedürftige, insbesondere genehmigungs-, anzeige- und verfahrensfreie Vorhaben ist diese Verordnung in der zum Zeitpunkt des Beginns der Bauausführung geltenden Fassung anzuwenden.

(3a) Wird nach dem 30. April 2014 ein Energieausweis gemäß § 16 Absatz 1 Satz 1 oder 3 für ein Gebäude ausgestellt, auf das nach den Absätzen 1 bis 3 eine vor dem 1. Mai 2014 geltende Fassung dieser Verordnung anzuwenden ist, ist in der Kopfzeile zumindest der ersten Seite des Energieausweises in geeigneter Form die angewandte Fassung dieser Verordnung anzugeben.

(4) Auf Verlangen des Bauherrn ist abweichend von Absatz 1 das neue Recht anzuwenden, wenn über den Bauantrag oder nach einer Bauanzeige noch nicht bestandskräftig entschieden worden ist.

-

§ 29 Übergangsvorschriften für Energieausweise und Aussteller

(1) Energiebedarfsausweise für Wohngebäude, die nach Fassungen der Energieeinsparverordnung, die vor dem 1. Oktober 2007 gegolten haben, ausgestellt worden sind, gelten als Energieausweise im Sinne des § 16 Absatz 1 Satz 4 und Absatz 2 bis 4 sowie des § 16a; sie sind ab dem Tag der Ausstellung zehn Jahre gültig. Satz 1 ist entsprechend anzuwenden auf Energieausweise, die vor dem 1. Oktober 2007 ausgestellt worden sind

1.

    von Gebietskörperschaften oder auf deren Veranlassung von Dritten nach einheitlichen Regeln, wenn sie Angaben zum Endenergiebedarf oder -verbrauch enthalten, die auch die Warmwasserbereitung und bei Nichtwohngebäuden darüber hinaus die Kühlung und eingebaute Beleuchtung berücksichtigen, und wenn die wesentlichen Energieträger für die Heizung des Gebäudes angegeben sind, oder

2.

    in Anwendung der in dem von der Bundesregierung am 25. April 2007 beschlossenen Entwurf dieser Verordnung (Bundesrats-Drucksache 282/07) enthaltenen Bestimmungen.

Energieausweise, die vor dem 1. Oktober 2007 ausgestellt worden sind und nicht von Satz 1 oder Satz 2 erfasst werden, sind von der Fortgeltung im Sinne des Satzes 1 ausgeschlossen; sie können bis zu sechs Monate nach dem 30. April 2014 für Zwecke des § 16 Absatz 1 Satz 4 und Absatz 2 bis 4 verwendet werden.

(2) § 16a ist auf Energieausweise, die nach dem 30. September 2007 und vor dem 1. Mai 2014 ausgestellt worden sind, mit den folgenden Maßgaben anzuwenden. Als Pflichtangabe nach § 16a Absatz 1 Satz 1 Nummer 2 ist in Immobilienanzeigen anzugeben:

1.

    bei Energiebedarfsausweisen für Wohngebäude der Wert des Endenergiebedarfs, der auf Seite 2 des Energieausweises gemäß dem Muster nach Anlage 6 angegeben ist;

2.

    bei Energieverbrauchsausweisen für Wohngebäude der Energieverbrauchskennwert, der auf Seite 3 des Energieausweises gemäß dem Muster nach Anlage 6 angegeben ist; ist im Energieverbrauchskennwert der Energieverbrauch für Warmwasser nicht enthalten, so ist der Energieverbrauchskennwert um eine Pauschale von 20 Kilowattstunden pro Jahr und Quadratmeter Gebäudenutzfläche zu erhöhen;

3.

    bei Energiebedarfsausweisen für Nichtwohngebäude der Gesamtwert des Endenergiebedarfs, der Seite 2 des Energieausweises gemäß dem Muster nach Anlage 7 zu entnehmen ist;

4.

    bei Energieverbrauchsausweisen für Nichtwohngebäude sowohl der Heizenergieverbrauchs- als auch der Stromverbrauchskennwert, die Seite 3 des Energieausweises gemäß dem

26

Muster nach Anlage 7 zu entnehmen sind.
Die Sätze 1 und 2 sind entsprechend auf Energieausweise nach Absatz 1 Satz 2 Nummer 2 anzuwenden. Bei Energieausweisen für Wohngebäude nach Satz 1 und nach Absatz 1 Satz 2 Nummer 2, bei denen noch keine Energieeffizienzklasse angegeben ist, darf diese freiwillig angegeben werden, wobei sich die Klasseneinteilung gemäß Anlage 10 aus dem Endenergiebedarf oder dem Endenergieverbrauch des Gebäudes ergibt. Das Bundesministerium für Verkehr, Bau und Stadtentwicklung kann im Einvernehmen mit dem Bundesministerium für Wirtschaft und Technologie für Energieausweise nach Satz 1 und nach Absatz 1 Satz 2 Nummer 2 Arbeitshilfen zu den Pflichtangaben in Immobilienanzeigen im Bundesanzeiger bekannt machen.
(3) § 16a ist auf Energieausweise nach Absatz 1 Satz 1 und 2 Nummer 1 mit folgenden Maßgaben anzuwenden. Als Pflichtangaben nach § 16a Absatz 1 Satz 1 Nummer 2 und 3 sind in Immobilienanzeigen anzugeben:

1.
  bei Energiebedarfsausweisen für Wohngebäude nach Absatz 1 Satz 1, jeweils gemäß dem Muster A des Anhangs der Allgemeinen Verwaltungsvorschrift zu § 13 der Energieeinsparverordnung in der Fassung vom 7. März 2002 (BAnz. S. 4865), geändert durch Allgemeine Verwaltungsvorschrift vom 2. Dezember 2004 (BAnz. S. 23 804),
  a)
    der Wert des Endenergiebedarfs, der sich aus der Addition der Werte des Endenergiebedarfs für die einzelnen Energieträger ergibt, und
  b)
    die Art der Beheizung;
2.
  bei Energieausweisen nach Absatz 1 Satz 2 Nummer 1 der im Energieausweis angegebene Endenergiebedarf oder Endenergieverbrauch und die dort angegebenen wesentlichen Energieträger für die Heizung des Gebäudes.

Bei Energieausweisen für Wohngebäude nach Satz 1 und Absatz 1 Satz 2 Nummer 2, bei denen noch keine Energieeffizienzklasse angegeben ist, darf diese freiwillig angegeben werden, wobei sich die Klasseneinteilung gemäß Anlage 10 aus dem Endenergiebedarf oder dem Endenergieverbrauch des Gebäudes ergibt. Absatz 2 Satz 5 ist entsprechend anzuwenden.
(3a) In den Fällen des § 16 Absatz 2 sind begleitende Modernisierungsempfehlungen zu noch geltenden Energieausweisen, die nach Maßgabe der am 1. Oktober 2007 oder am 1. Oktober 2009 in Kraft getretenen Fassung der Energieeinsparverordnung ausgestellt worden sind, dem potenziellen Käufer oder Mieter zusammen mit dem Energieausweis vorzulegen und dem Käufer oder neuen Mieter mit dem Energieausweis zu übergeben; für die Vorlage und die Übergabe sind im Übrigen die Vorgaben des § 16 Absatz 2 entsprechend anzuwenden.
(4) Zur Ausstellung von Energieausweisen für bestehende Wohngebäude nach § 16 Abs. 2 sind ergänzend zu § 21 auch Personen berechtigt, die vor dem 25. April 2007 nach Maßgabe der Richtlinie des Bundesministeriums für Wirtschaft und Technologie über die Förderung der Beratung zur sparsamen und rationalen Energieverwendung in Wohngebäuden vor Ort vom 7. September 2006 (BAnz. S. 6379) als Antragsberechtigte beim Bundesamt für Wirtschaft und Ausfuhrkontrolle registriert worden sind.
(5) Zur Ausstellung von Energieausweisen für bestehende Wohngebäude nach § 16 Abs. 2 sind ergänzend zu § 21 auch Personen berechtigt, die am 25. April 2007 über eine abgeschlossene Berufsausbildung im Baustoff-Fachhandel oder in der Baustoffindustrie und eine erfolgreich abgeschlossene Weiterbildung zum Energiefachberater im Baustoff-Fachhandel oder in der Baustoffindustrie verfügt haben. Satz 1 gilt entsprechend für Personen, die eine solche Weiterbildung vor dem 25. April 2007 begonnen haben, nach erfolgreichem Abschluss der Weiterbildung.
(6) Zur Ausstellung von Energieausweisen für bestehende Wohngebäude nach § 16 Abs. 2 sind ergänzend zu § 21 auch Personen berechtigt, die am 25. April 2007 über eine abgeschlossene Weiterbildung zum Energieberater des Handwerks verfügt haben. Satz 1 gilt entsprechend für Personen, die eine solche Weiterbildung vor dem 25. April 2007 begonnen haben, nach erfolgreichem Abschluss der Weiterbildung.

27

§ 30 Übergangsvorschrift über die vorläufige Wahrnehmung von Vollzugsaufgaben der Länder durch das Deutsche Institut für Bautechnik

Bis zum Inkrafttreten der erforderlichen jeweiligen landesrechtlichen Regelungen zur Aufgabenübertragung nimmt das Deutsche Institut für Bautechnik vorläufig die Aufgaben des Landesvollzugs als Registrierstelle nach § 26c und als Kontrollstelle nach § 26d wahr. Die vorläufige Aufgabenwahrnehmung als Kontrollstelle nach Satz 1 bezieht sich nur auf die Überprüfung von Stichproben auf der Grundlage der in § 26d Absatz 4 Nummer 1 und 2 geregelten Optionen oder gleichwertiger Maßnahmen, soweit diese Aufgaben elektronisch durchgeführt werden können. Die Sätze 1 und 2 sind längstens sieben Jahre nach Inkrafttreten dieser Regelung anzuwenden.

§ 31 Inkrafttreten, Außerkrafttreten

Diese Verordnung tritt am 1. Oktober 2007 in Kraft.

Schlussformel

Der Bundesrat hat zugestimmt.

Anlage 1 (zu den §§ 3 und 9)
Anforderungen an Wohngebäude

(Fundstelle: BGBl. I 2009, 960 - 964;
bzgl. der einzelnen Änderungen vgl. Fußnote)

1

Höchstwerte des Jahres-Primärenergiebedarfs und des spezifischen Transmissionswärmeverlusts für zu errichtende Wohngebäude (zu § 3 Absatz 1 und 2)

1.1

Höchstwerte des Jahres-Primärenergiebedarfs

Der Höchstwert des Jahres-Primärenergiebedarfs eines zu errichtenden Wohngebäudes ist der auf die Gebäudenutzfläche bezogene, nach einem der in Nr. 2.1 angegebenen Verfahren berechnete Jahres-Primärenergiebedarf eines Referenzgebäudes gleicher Geometrie, Gebäudenutzfläche und Ausrichtung wie das zu errichtende Wohngebäude, das hinsichtlich seiner Ausführung den Vorgaben der Tabelle 1 entspricht.

Soweit in dem zu errichtenden Wohngebäude eine elektrische Warmwasserbereitung ausgeführt wird, darf diese bis zum 31. Dezember 2015 anstelle von Tabelle 1 Zeile 6 als wohnungszentrale Anlage ohne Speicher gemäß den in Tabelle 5.1-3 der DIN V 4701-10 : 2003-08, geändert durch A1 : 2012-07, gegebenen Randbedingungen berücksichtigt werden. Der sich daraus ergebende Höchstwert des Jahres-Primärenergiebedarfs ist in Fällen des Satzes 2 um 10,0 kWh/(m^2·a) zu verringern; dies gilt nicht bei Durchführung von Maßnahmen zur Einsparung von Energie nach § 7 Absatz 1 Nummer 2 in Verbindung mit Nummer VII.1 und 2 der Anlage des Erneuerbare-Energien-Wärmegesetzes.

Tabelle 1
Ausführung des Referenzgebäudes

Zeile	Bauteile/Systeme	Referenzausführung/Wert (Maßeinheit) Eigenschaft (zu Zeilen 1.1 bis 3)	
1.0	Der nach einem der in Nummer 2.1 angegebenen Verfahren berechnete Jahres-Primärenergiebedarf des Referenzgebäudes nach den Zeilen 1.1 bis 8 ist für Neubauvorhaben ab dem 1. Januar 2016 mit dem Faktor 0,75 zu multiplizieren. § 28 bleibt unberührt.		
1.1	Außenwand (einschließlich Einbauten, wie Rollladenkästen), Geschossdecke gegen Außenluft	Wärmedurchgangskoeffizient	$U = 0{,}28$ W/(m^2·K)
1.2	Außenwand gegen Erdreich, Bodenplatte, Wände und Decken zu unbeheizten Räumen	Wärmedurchgangskoeffizient	$U = 0{,}35$ W/(m^2·K)
1.3	Dach, oberste Geschossdecke, Wände zu Abseiten	Wärmedurchgangskoeffizient	$U = 0{,}20$ W/(m^2·K)
1.4	Fenster, Fenstertüren	Wärmedurchgangskoeffizient	$U_W = 1{,}3$ W/(m^2·K)
		Gesamtenergiedurchlassgrad der Verglasung	$g{\perp} = 0{,}60$
1.5	Dachflächenfenster	Wärmedurchgangskoeffizient	$U_W = 1{,}4$ W/(m^2·K)
		Gesamtenergiedurchlassgrad der Verglasung	$g{\perp} = 0{,}60$
1.6	Lichtkuppeln	Wärmedurchgangskoeffizient	$U_W = 2{,}7$ W/(m^2·K)
		Gesamtenergiedurchlassgrad der Verglasung	$g{\perp} = 0{,}64$
1.7	Außentüren	Wärmedurchgangskoeffizient	$U = 1{,}8$ W/(m^2·K)
2	Bauteile nach den Zeilen 1.1 bis 1.7	Wärmebrückenzuschlag	$\Delta U_{WB} = 0{,}05$ W/(m^2·K)
3	Luftdichtheit der Gebäudehülle	Bemessungswert n_{50}	Bei Berechnung nach
			• DIN V 4108-6 : 2003-06: mit Dichtheitsprüfung
			• DIN V 18599-2 : 2011-12: nach Kategorie I[*]
4	Sonnenschutzvorrichtung	keine im Rahmen der Nachweise nach Nummer 2.1.1 oder 2.1.2 anzurechnende Sonnenschutzvorrichtung	
5	Heizungsanlage	•	
		Wärmeerzeugung durch Brennwertkessel (verbessert), Heizöl EL, Aufstellung:	
		–	
		für Gebäude bis zu 500 m^2 Gebäudenutzfläche innerhalb der thermischen Hülle	
		–	

Zeile	Bauteile/Systeme	Referenzausführung/Wert (Maßeinheit)

Eigenschaft (zu Zeilen 1.1 bis 3)
für Gebäude mit mehr als 500
m² Gebäudenutzfläche außerhalb der thermischen Hülle

Zeile	Bauteile/Systeme	Referenzausführung/Wert (Maßeinheit)

- Auslegungstemperatur 55/45 °C, zentrales Verteilsystem innerhalb der wärmeübertragenden Umfassungsfläche, innen liegende Stränge und Anbindeleitungen, Standard-Leitungslängen nach DIN V 4701-10 : 2003-08 Tabelle 5.3-2, Pumpe auf Bedarf ausgelegt (geregelt, Δp konstant), Rohrnetz hydraulisch abgeglichen

- Wärmeübergabe mit freien statischen Heizflächen, Anordnung an normaler Außenwand, Thermostatventile mit Proportionalbereich 1 K

| 6 | Anlage zur Warmwasserbereitung | |

- bei Berechnung nach Nummer 2.1.1: Solaranlage mit Flachkollektor sowie Speicher ausgelegt gemäß DIN V 18599-8 : 2011-12 Tabelle 15

- bei Berechnung nach Nummer 2.1.2: Solaranlage mit Flachkollektor zur ausschließlichen Trinkwassererwärmung entsprechend den Vorgaben nach DIN V 4701-10 : 2003-08 Tabelle 5.1-10 mit Speicher, indirekt beheizt (stehend), gleiche Aufstellung wie Wärmeerzeuger,

  – kleine Solaranlage bei $A_N \leq 500$ m² (bivalenter Solarspeicher)

  – große Solaranlage bei $A_N > 500$ m²

- Verteilsystem innerhalb der wärmeübertragenden Umfassungsfläche, innen liegende Stränge, gemeinsame Installationswand, Standard-Leitungslängen

Zeile	Bauteile/Systeme	Referenzausführung/Wert (Maßeinheit)
		nach DIN V 4701-10 : 2003-08 Tabelle 5.1-2 mit Zirkulation
7	Kühlung	keine Kühlung
8	Lüftung	zentrale Abluftanlage, bedarfsgeführt mit geregeltem DC-Ventilator

*

Die Angaben nach Anlage 4 zum Überprüfungsverfahren für die Dichtheit bleiben unberührt.

1.2

Höchstwerte des spezifischen, auf die wärmeübertragende Umfassungsfläche bezogenen Transmissionswärmeverlusts

Ab dem 1. Januar 2016 darf der spezifische, auf die wärmeübertragende Umfassungsfläche bezogene Transmissionswärmeverlust eines zu errichtenden Wohngebäudes das 1,0fache des entsprechenden Wertes des jeweiligen Referenzgebäudes nicht überschreiten. Die jeweiligen Höchstwerte der Tabelle 2 dürfen dabei nicht überschritten werden. § 28 bleibt unberührt.

Tabelle 2
Höchstwerte des spezifischen, auf die wärmeübertragende Umfassungsfläche bezogenen Transmissionswärmeverlusts

Zeile	Gebäudetyp		Höchstwert des spezifischen Transmissionswärmeverlusts
1	Freistehendes Wohngebäude	mit $A_N \leq 350$ m^2	$H'_T = 0,40$ W/(m^2·K)
		mit $A_N > 350$ m^2	$H'_T = 0,50$ W/(m^2·K)
2	Einseitig angebautes Wohngebäude*		$H'_T = 0,45$ W/(m^2·K)
3	Alle anderen Wohngebäude		$H'_T = 0,65$ W/(m^2·K)
4	Erweiterungen und Ausbauten von Wohngebäuden gemäß § 9 Absatz 5		$H'_T = 0,65$ W/(m^2·K)

*

Einseitig angebaut ist ein Wohngebäude, wenn von den vertikalen Flächen dieses Gebäudes, die nach einer Himmelsrichtung weisen, ein Anteil von 80 Prozent oder mehr an ein anderes Wohngebäude oder an ein Nichtwohngebäude mit einer Raum-Solltemperatur von mindestens 19 Grad Celsius angrenzt.

1.3

Definition der Bezugsgrößen

1.3.1

Die wärmeübertragende Umfassungsfläche A eines Wohngebäudes in m^2 ist nach den in DIN V 18599-1 : 2011-12 Abschnitt 8 angegebenen Bemaßungsregeln so festzulegen, dass sie alle beheizten Räume einschließt. Für alle umschlossenen Räume sind dabei gleiche, den Vorgaben der Nummer 2.1.1 oder 2.1.2 entsprechende Nutzungsrandbedingungen anzunehmen (Ein-Zonen-Modell).

1.3.2

Das beheizte Gebäudevolumen V_e in m^3 ist das Volumen, das von der nach Nr. 1.3.1 ermittelten wärmeübertragenden Umfassungsfläche A umschlossen wird.

1.3.3

Die Gebäudenutzfläche A_N in m^2 wird bei Wohngebäuden wie folgt ermittelt:

$$A_N = 0,32 \text{ m}^{-1} \cdot V_e$$

mit

A_N

    Gebäudenutzfläche in m²

V_e

    beheiztes Gebäudevolumen in m³.

Beträgt die durchschnittliche Geschosshöhe h_G eines Wohngebäudes, gemessen von der Oberfläche des Fußbodens zur Oberfläche des Fußbodens des darüber liegenden Geschosses, mehr als 3 m oder weniger als 2,5 m, so ist die Gebäudenutzfläche A_N abweichend von Satz 1 wie folgt zu ermitteln:

$$A_N = \left(\frac{1}{h_G} - 0{,}04 \ \mathrm{m}^{-1} \right) \cdot V_e$$

mit

A_N

    Gebäudenutzfläche in m²

h_G

    Geschossdeckenhöhe in m

V_e

    beheiztes Gebäudevolumen in m³.

2

Berechnungsverfahren für Wohngebäude (zu § 3 Absatz 3, § 9 Absatz 2 und 5)

2.1

Berechnung des Jahres-Primärenergiebedarfs

2.1.1

Der Jahres-Primärenergiebedarf Q_p ist nach DIN V 18599 : 2011-12, berichtigt durch DIN V 18599-5 Berichtigung 1 : 2013-05 und durch DIN V 18599-8 Berichtigung 1 : 2013-05, für Wohngebäude zu ermitteln. Als Primärenergiefaktoren sind die Werte für den nicht erneuerbaren Anteil nach DIN V 18599-1 : 2011-12 zu verwenden. Dabei sind für flüssige Biomasse der Wert für den nicht erneuerbaren Anteil „Heizöl EL" und für gasförmige Biomasse der Wert für den nicht erneuerbaren Anteil „Erdgas H" zu verwenden. Für flüssige oder gasförmige Biomasse im Sinne des § 2 Absatz 1 Nummer 4 des Erneuerbare-Energien-Wärmegesetzes kann für den nicht erneuerbaren Anteil der Wert 0,5 verwendet werden, wenn die flüssige oder gasförmige Biomasse im unmittelbaren räumlichen Zusammenhang mit dem Gebäude erzeugt wird. Satz 4 ist entsprechend auf Gebäude anzuwenden, die im räumlichen Zusammenhang zueinander stehen und unmittelbar gemeinsam mit flüssiger oder gasförmiger Biomasse im Sinne des § 2 Absatz 1 Nummer 4 des Erneuerbare-Energien-Wärmegesetzes versorgt werden. Für elektrischen Strom ist abweichend von Satz 2 als Primärenergiefaktor für den nicht erneuerbaren Anteil ab dem 1. Januar 2016 der Wert 1,8 zu verwenden; für den durch Anlagen mit Kraft-Wärme-Kopplung erzeugten und nach Abzug des Eigenbedarfs in das Verbundnetz eingespeisten Strom gilt unbeschadet des ersten Halbsatzes der dafür in DIN V 18599-1 : 2011-12 angegebene Wert von 2,8. Wird als Wärmeerzeuger eine zum Gebäude gehörige Anlage mit Kraft-Wärme-Kopplung genutzt, so ist für deren Berechnung DIN V 18599-9 : 2011-12 Abschnitt 5.1.7 Verfahren B zu verwenden. Bei der Berechnung des Jahres-Primärenergiebedarfs des Referenzwohngebäudes und des Wohngebäudes sind die in Tabelle 3 genannten Randbedingungen zu verwenden. Abweichend von DIN V 18599-1 : 2011-12 sind bei der Berechnung des Endenergiebedarfs diejenigen Anteile gleich „Null" zu setzen, die durch in unmittelbarem räumlichen Zusammenhang zum Gebäude gewonnene solare Strahlungsenergie sowie Umgebungswärme und Umgebungskälte gedeckt werden.

Tabelle 3

Randbedingungen für die Berechnung des Jahres-Primärenergiebedarfs

Zeile	Kenngröße	Randbedingungen
1	Verschattungsfaktor F_S	$F_S = 0,9$ soweit die baulichen Bedingungen nicht detailliert berücksichtigt werden.
2	Solare Wärmegewinne über opake Bauteile	angenommen werden.
	– Emissionsgrad der Außenfläche für Wärmestrahlung:	$\varepsilon = 0,8$
	– Strahlungsabsorptionsgrad an opaken Oberflächen:	$\alpha = 0,5$
	für dunkle Dächer kann abweichend	$\alpha = 0,8$
3	Gebäudeautomation	– Summand $\Delta\theta_{EMS}$: Klasse C – Faktor adaptiver Betrieb f_{adapt}: Klasse C jeweils nach DIN V 18599-11 : 2011-12
4	Teilbeheizung	Für den Faktor a_{TB} (Anteil mitbeheizter Flächen) sind ausschließlich die Standardwerte nach DIN V 18599-10 : 2011-12 Tabelle 4 zu verwenden.

2.1.2

Alternativ zu Nummer 2.1.1 kann der Jahres-Primärenergiebedarf Q_p für Wohngebäude, die nicht gekühlt werden, nach DIN V 4108-6 : 2003-06[*] und DIN V 4701-10: 2003-08, geändert durch A1 : 2012-07, ermittelt werden. Nummer 2.1.1 Satz 2 bis 6 ist entsprechend anzuwenden. Der in diesem Rechengang zu bestimmende Jahres-Heizwärmebedarf Q_h ist nach dem Monatsbilanzverfahren nach DIN V 4108-6 : 2003-06[*] mit den dort in Anhang D.3 genannten Randbedingungen zu ermitteln. Als Referenzklima ist abweichend von DIN V 4108-6 : 2003-06[*] das Klima nach DIN V 18599-10 : 2011-12 Abschnitt 7.1 (Region Potsdam) zu verwenden. Zur Berücksichtigung von Lüftungsanlagen mit Wärmerückgewinnung sind die methodischen Hinweise in Abschnitt 4.1 der DIN V 4701-10 : 2003-08 zu beachten.

2.1.3

Werden in Wohngebäude bauliche oder anlagentechnische Komponenten eingesetzt, für deren energetische Bewertung weder anerkannte Regeln der Technik noch gemäß § 9 Absatz 2 Satz 2 dritter Teilsatz bekannt gemachte gesicherte Erfahrungswerte vorliegen, so dürfen die energetischen Eigenschaften dieser Komponenten unter Verwendung derselben Randbedingungen wie in den Berechnungsverfahren nach Nummer 2.1.1 beziehungsweise Nummer 2.1.2 durch dynamisch-thermische Simulationsrechnungen ermittelt werden.

2.2

Berücksichtigung der Warmwasserbereitung

Bei Wohngebäuden ist der Energiebedarf für Warmwasser in der Berechnung des Jahres-Primärenergiebedarfs wie folgt zu berücksichtigen:

a)

Bei der Berechnung gemäß Nr. 2.1.1 ist der Nutzenergiebedarf für Warmwasser nach Tabelle 4 der DIN V 18599-10 : 2011-12 anzusetzen.

b)

Bei der Berechnung gemäß Nr. 2.1.2 ist der Nutzwärmebedarf für die Warmwasserbereitung Q_W im Sinne von DIN V 4701-10 : 2003-08 mit 12,5 kWh/(m²·a) anzusetzen.

2.3

Berechnung des spezifischen Transmissionswärmeverlusts
Der spezifische, auf die wärmeübertragende Umfassungsfläche bezogene Transmissionswärmeverlust H'_T in W/(m²·K) ist wie folgt zu ermitteln:

$$H'_T = \frac{H_T}{A} \text{ in W/(m}^2 \cdot \text{K)}$$

mit
H_T

nach DIN V 4108-6 : 2003-06[*] mit den in Anhang D.3 genannten Randbedingungen berechneter Transmissionswärmeverlust in W/K;

A

wärmeübertragende Umfassungsfläche nach Nr. 1.3.1 in m². Die in Nummer 2.1.1 Tabelle 3 angegebenen Randbedingungen sind anzuwenden.

2.4

Beheiztes Luftvolumen
Bei der Berechnung des Jahres-Primärenergiebedarfs nach Nr. 2.1.1 ist das beheizte Luftvolumen V in m³ gemäß DIN V 18599-1 : 2011-12, bei der Berechnung nach Nr. 2.1.2 gemäß DIN V 4108-6 : 2003-06[*] Abschnitt 6.2 zu ermitteln. Vereinfacht darf es wie folgt berechnet werden:

–

$V = 0,76 \cdot V_e$ in m³ bei Wohngebäuden bis zu drei Vollgeschossen

–

$V = 0,80 \cdot V_e$ in m³ in den übrigen Fällen

mit V_e beheiztes Gebäudevolumen nach Nr. 1.3.2 in m³.

2.5

Ermittlung der solaren Wärmegewinne bei Fertighäusern und vergleichbaren Gebäuden
Werden Gebäude nach Plänen errichtet, die für mehrere Gebäude an verschiedenen Standorten erstellt worden sind, dürfen bei der Berechnung die solaren Gewinne so ermittelt werden, als wären alle Fenster dieser Gebäude nach Osten oder Westen orientiert.

2.6

Aneinandergereihte Bebauung
Bei der Berechnung von aneinandergereihten Gebäuden werden Gebäudetrennwände

a)

zwischen Gebäuden, die nach ihrem Verwendungszweck auf Innentemperaturen von mindestens 19 Grad Celsius beheizt werden, als nicht wärmedurchlässig angenommen und bei der Ermittlung der wärmeübertragenden Umfassungsfläche A nicht berücksichtigt,

b)

zwischen Wohngebäuden und Gebäuden, die nach ihrem Verwendungszweck auf Innentemperaturen von mindestens 12 Grad Celsius und weniger als 19 Grad Celsius beheizt werden, bei der Berechnung des Wärmedurchgangskoeffizienten mit einem Temperatur-Korrekturfaktor F_{nb} nach DIN V 18599-2 : 2011-12 oder nach DIN V 4108-6 : 2003-06[*)] gewichtet und

34

c)

zwischen Wohngebäuden und Gebäuden oder Gebäudeteilen, in denen keine beheizten Räume im Sinne des § 2 Nummer 4 vorhanden sind, bei der Berechnung des Wärmedurchgangskoeffizienten mit einem Temperaturfaktor F_u = 0,5 gewichtet.

Werden beheizte Teile eines Gebäudes getrennt berechnet, gilt Satz 1 Buchstabe a sinngemäß für die Trennflächen zwischen den Gebäudeteilen. Werden aneinandergereihte Wohngebäude gleichzeitig erstellt, dürfen sie hinsichtlich der Anforderungen des § 3 wie ein Gebäude behandelt werden. Die Vorschriften des Abschnitts 5 bleiben unberührt.

2.7

Anrechnung mechanisch betriebener Lüftungsanlagen
Im Rahmen der Berechnung nach Nr. 2 ist bei mechanischen Lüftungsanlagen die Anrechnung der Wärmerückgewinnung oder einer regelungstechnisch verminderten Luftwechselrate nur zulässig, wenn

a)

die Dichtheit des Gebäudes nach Anlage 4 Nr. 2 nachgewiesen wird und

b)

der mit Hilfe der Anlage erreichte Luftwechsel § 6 Absatz 2 genügt.

Die bei der Anrechnung der Wärmerückgewinnung anzusetzenden Kennwerte der Lüftungsanlagen sind nach anerkannten Regeln der Technik zu bestimmen oder den allgemeinen bauaufsichtlichen Zulassungen der verwendeten Produkte zu entnehmen. Lüftungsanlagen müssen mit Einrichtungen ausgestattet sein, die eine Beeinflussung der Luftvolumenströme jeder Nutzeinheit durch den Nutzer erlauben. Es muss sichergestellt sein, dass die aus der Abluft gewonnene Wärme vorrangig vor der vom Heizsystem bereitgestellten Wärme genutzt wird.

2.8

Berechnung im Fall gemeinsamer Heizungsanlagen für mehrere Gebäude
Wird ein zu errichtendes Gebäude mit Wärme aus einer Heizungsanlage versorgt, aus der auch andere Gebäude oder Teile davon Wärme beziehen, ist es abweichend von DIN V 18599:2011-12 und DIN V 4701-10 : 2003-08 zulässig, bei der Berechnung des zu errichtenden Gebäudes eigene zentrale Einrichtungen der Wärmeerzeugung (Wärmeerzeuger, Wärmespeicher, zentrale Warmwasserbereitung) anzunehmen, die hinsichtlich ihrer Bauart, ihres Baualters und ihrer Betriebsweise den gemeinsam genutzten Einrichtungen entsprechen, hinsichtlich ihrer Größe und Leistung jedoch nur auf das zu berechnende Gebäude ausgelegt sind. Soweit dabei zusätzliche Wärmeverteil- und Warmwasserleitungen zur Verbindung der versorgten Gebäude verlegt werden, sind deren Wärmeverluste anteilig zu berücksichtigen.

3

Sommerlicher Wärmeschutz (zu § 3 Absatz 4)

3.1

Grundsätze

3.1.1

Zum Zweck eines ausreichenden baulichen sommerlichen Wärmeschutzes sind die Anforderungen nach DIN 4108-2 : 2013-02 Abschnitt 8 einzuhalten. Dazu sind entweder die Sonneneintragskennwerte nach Abschnitt 8.3 oder die Übertemperatur-Gradstunden nach Abschnitt 8.4 zu begrenzen; es reicht aus, die Berechnungen gemäß Abschnitt 8 Satz 1 der DIN 4108-2 : 2013-02 auf die Räume oder Raumbereiche zu beschränken, für welche die Berechnung nach Abschnitt 8.3 zu den höchsten Anforderungen führen würde. Auf eine Berechnung darf unter den Voraussetzungen des Abschnitts 8.2.2 der DIN 4108-2 : 2013-02 verzichtet werden.

3.1.2

Wird bei Wohngebäuden mit Anlagen zur Kühlung die Berechnung nach Abschnitt 8.4 durchgeführt, sind bauliche Maßnahmen zum sommerlichen Wärmeschutz gemäß DIN 4108-2 : 2013-02 Abschnitt 4.3 insoweit vorzusehen, wie sich die Investitionen für diese baulichen Maßnahmen innerhalb deren üblicher Nutzungsdauer durch die Einsparung von Energie zur

Kühlung erwirtschaften lassen.

3.2

Begrenzung der Sonneneintragskennwerte

3.2.1

Als höchstzulässige Sonneneintragskennwerte nach § 3 Absatz 4 sind die in DIN 4108-2 : 2013-02 Abschnitt 8.3.3 festgelegten Werte einzuhalten.

3.2.2

Der Sonneneintragskennwert des zu errichtenden Wohngebäudes ist nach dem in DIN 4108-2 : 2013-02 Abschnitt 8.3.2 genannten Verfahren zu bestimmen.

3.3

Begrenzung der Übertemperatur-Gradstunden
Ein ausreichender sommerlicher Wärmeschutz nach § 3 Absatz 4 liegt auch vor, wenn mit einem Verfahren (Simulationsrechnung) nach DIN 4108-2 : 2013-02 Abschnitt 8.4 gezeigt werden kann, dass unter den dort genannten Randbedingungen die für den Standort des Wohngebäudes in Tabelle 9 dieser Norm angegebenen Übertemperatur-Gradstunden nicht überschritten werden.

*)

Geändert durch DIN V 4108-6 Berichtigung 1 2004-03.

*

Geändert durch DIN V 4108-6 Berichtigung 1 2004-03.

*

Geändert durch DIN V 4108-6 Berichtigung 1 2004-03.

-

Anlage 2 (zu den §§ 4 und 9)
Anforderungen an Nichtwohngebäude

(Fundstelle: BGBl. I 2009, 965 - 973;
bzgl. der einzelnen Änderungen vgl. Fußnote)

1

Höchstwerte des Jahres-Primärenergiebedarfs und der Wärmedurchgangskoeffizienten für zu errichtende Nichtwohngebäude (zu § 4 Absatz 1 und 2)

1.1

Höchstwerte des Jahres-Primärenergiebedarfs

1.1.1

Der Höchstwert des Jahres-Primärenergiebedarfs eines zu errichtenden Nichtwohngebäudes ist der auf die Nettogrundfläche bezogene, nach dem in Nr. 2 oder 3 angegebenen Verfahren berechnete Jahres-Primärenergiebedarf eines Referenzgebäudes gleicher Geometrie, Nettogrundfläche, Ausrichtung und Nutzung wie das zu errichtende Nichtwohngebäude, das hinsichtlich seiner Ausführung den Vorgaben der Tabelle 1 entspricht. Die Unterteilung hinsichtlich der Nutzung sowie der verwendeten Berechnungsverfahren und Randbedingungen muss beim Referenzgebäude mit der des zu errichtenden Gebäudes übereinstimmen; bei der Unterteilung hinsichtlich der anlagentechnischen Ausstattung und der Tageslichtversorgung sind Unterschiede zulässig, die durch die technische Ausführung des zu errichtenden Gebäudes bedingt sind.

1.1.2

Die Ausführungen zu den Zeilen 1.13 bis 8 der Tabelle 1 sind beim Referenzgebäude nur insoweit und in der Art zu berücksichtigen, wie beim Gebäude ausgeführt. Die dezentrale Ausführung des Warmwassersystems (Zeile 4.2 der Tabelle 1) darf darüber hinaus nur für solche Gebäudezonen berücksichtigt werden, die einen Warmwasserbedarf von höchstens 200 Wh/(m²·d) aufweisen. Auf Gebäudezonen mit mehr als 4 m Raumhöhe, die durch dezentrale Gebläse- oder Strahlungsheizungen beheizt werden, ist Zeile 1.0 der Tabelle 1

36

nicht anzuwenden.

Tabelle 1
Ausführung des Referenzgebäudes

Zeile	Bauteile/Systeme	Eigenschaft (zu Zeilen 1.1 bis 1.13)	Referenzausführung/Wert (Maßeinheit)	
			Raum-Soll-temperaturen im Heizfall $\geq 19\,°C$	Raum-Soll-temperaturen im Heizfall von 12 bis < 19 °C
1.0	Der nach einem der in Nummer 2 oder in Nummer 3 angegebenen Verfahren berechnete Jahres-Primärenergiebedarf des Referenzgebäudes nach den Zeilen 1.1 bis 8 ist für Neubauvorhaben ab dem 1. Januar 2016 mit dem Faktor 0,75 zu multiplizieren. § 28 bleibt unberührt.			
1.1	Außenwand (einschließlich Einbauten, wie Rollladenkästen), Geschossdecke gegen Außenluft	Wärmedurchgangskoeffizient	$U = 0{,}28$ W/ $(m^2 \cdot K)$	$U = 0{,}35$ W/ $(m^2 \cdot K)$
1.2	Vorhangfassade (siehe auch Zeile 1.14)	Wärmedurchgangskoeffizient	$U = 1{,}4$ W/ $(m^2 \cdot K)$	$U = 1{,}9$ W/ $(m^2 \cdot K)$
		Gesamtenergiedurchlassgrad der Verglasung	$g\bot = 0{,}48$	$g\bot = 0{,}60$
		Lichttransmissionsgrad der Verglasung	$t_{D65} = 0{,}72$	$t_{D65} = 0{,}78$
1.3	Wand gegen Erdreich, Bodenplatte, Wände und Decken zu unbeheizten Räumen (außer Abseitenwänden nach Zeile 1.4)	Wärmedurchgangskoeffizient	$U = 0{,}35$ W/ $(m^2 \cdot K)$	$U = 0{,}35$ W/ $(m^2 \cdot K)$
1.4	Dach (soweit nicht unter Zeile 1.5), oberste Geschossdecke, Wände zu Abseiten	Wärmedurchgangskoeffizient	$U = 0{,}20$ W/ $(m^2 \cdot K)$	$U = 0{,}35$ W/ $(m^2 \cdot K)$
1.5	Glasdächer	Wärmedurchgangskoeffizient	$U_W = 2{,}7$ W/ $(m^2 \cdot K)$	$U_W = 2{,}7$ W/ $(m^2 \cdot K)$
		Gesamtenergiedurchlassgrad der Verglasung	$g\bot = 0{,}63$	$g\bot = 0{,}63$
		Lichttransmissionsgrad der Verglasung	$t_{D65} = 0{,}76$	$t_{D65} = 0{,}76$
1.6	Lichtbänder	Wärmedurchgangskoeffizient	$U_W = 2{,}4$ W/ $(m^2 \cdot K)$	$U_W = 2{,}4$ W/ $(m^2 \cdot K)$
		Gesamtenergie-durchlassgrad der Verglasung	$g\bot = 0{,}55$	$g\bot = 0{,}55$
		Lichttransmissionsgrad der Verglasung	$t_{D65} = 0{,}48$	$t_{D65} = 0{,}48$

Zeile	Bauteile/Systeme	Eigenschaft (zu Zeilen 1.1 bis 1.13)	Referenzausführung/Wert (Maßeinheit)	
			Raum-Soll-temperaturen im Heizfall $\geq 19\,°C$	Raum-Soll-temperaturen im Heizfall von 12 bis < 19 °C
1.7	Lichtkuppeln	Wärmedurchgangskoeffizient	$U_W = 2,7\ W/(m^2{\cdot}K)$	$U_W = 2,7\ W/(m^2{\cdot}K)$
		Gesamtenergie-durchlassgrad der Verglasung	$g\bot = 0,64$	$g\bot = 0,64$
		Lichttransmissionsgrad der Verglasung	$t_{D65} = 0,59$	$t_{D65} = 0,59$
1.8	Fenster, Fenstertüren (siehe auch Zeile 1.14)	Wärmedurchgangskoeffizient	$U_W = 1,3\ W/(m^2{\cdot}K)$	$U_W = 1,9\ W/(m^2{\cdot}K)$
		Gesamtenergie-durchlassgrad der Verglasung	$g\bot = 0,60$	$g\bot = 0,60$
		Lichttransmissionsgrad der Verglasung	$t_{D65} = 0,78$	$t_{D65} = 0,78$
1.9	Dachflächenfenster (siehe auch Zeile 1.14)	Wärmedurchgangskoeffizient	$U_W = 1,4\ W/(m^2{\cdot}K)$	$U_W = 1,9\ W/(m^2{\cdot}K)$
		Gesamtenergie-durchlassgrad der Verglasung	$g\bot = 0,60$	$g\bot = 0,60$
		Lichttransmissionsgrad der Verglasung	$t_{D65} = 0,78$	$t_{D65} = 0,78$
1.10	Außentüren	Wärmedurchgangskoeffizient	$U = 1,8\ W/(m^2{\cdot}K)$	$U = 2,9\ W/(m^2{\cdot}K)$
1.11	Bauteile in Zeilen 1.1 und 1.3 bis 1.10	Wärmebrücken-zuschlag	$\Delta U_{WB} = 0,05\ W/(m^2{\cdot}K)$	$\Delta U_{WB} = 0,1\ W/(m^2{\cdot}K)$
1.12	Gebäudedichtheit	Kategorie nach DIN V 18599-2 : 2011-12 Tabelle 6	Kategorie I*	
1.13	Tageslichtversorgung bei Sonnen- oder Blendschutz oder bei Sonnen- und Blendschutz	Tageslichtversorgungsfaktor $C_{TL,Vers,SA}$ nach DIN V 18599-4 : 2011-12	• kein Sonnen- oder Blendschutz vorhanden: 0,70 • Blendschutz vorhanden: 0,15	

Zeile	Bauteile/Systeme	Eigenschaft (zu Zeilen 1.1 bis 1.13)	Referenzausführung/Wert (Maßeinheit)
1.14	Sonnenschutz-vorrichtung	Für das Referenzgebäude ist die tatsächliche Sonnenschutzvorrichtung des zu errichtenden Gebäudes anzunehmen; sie ergibt sich gegebenenfalls aus den Anforderungen zum sommerlichen Wärmeschutz nach Nummer 4 oder aus Erfordernissen des Blendschutzes. Soweit hierfür Sonnenschutzverglasung zum Einsatz kommt, sind für diese Verglasung folgende Kennwerte anzusetzen: • anstelle der Werte der Zeile 1.2 – Gesamtenergiedurchlassgrad der Verglasung g⊥ $g\bot = 0,35$ – Lichttransmissionsgrad der	

Zeile	Bauteile/Systeme	Eigenschaft (zu Zeilen 1.1 bis 1.13)	Referenzausführung/Wert (Maßeinheit)
		Verglasung t_{D65}	$t_{D65} = 0{,}58$
		• anstelle der Werte der Zeilen 1.8 und 1.9:	
		– Gesamtenergiedurchlassgrad der Verglasung $g\perp$	$g\perp = 0{,}35$
		– Lichttransmissionsgrad der Verglasung t_{D65}	$t_{D65} = 0{,}62$

2.1 Beleuchtungsart

– in Zonen der Nutzungen 6 und 7[**] : wie beim ausgeführten Gebäude
– im Übrigen: direkt/indirekt
jeweils mit elektronischem Vorschaltgerät und stabförmiger Leuchtstofflampe

2.2 Regelung der Beleuchtung

Präsenzkontrolle:

– in Zonen der Nutzungen 4, 15 bis 19, 21 und 31[**]   mit Präsenzmelder

– im Übrigen: manuell

Konstantlichtkontrolle/tageslichtabhängige Kontrolle

– in Zonen der Nutzungen 5, 9, 10, 14, 22.1 bis 22.3, 29, 37 bis 40[**] :
Konstantlichtkontrolle gemäß DIN V 18599-4 : 2011-12 Abschnitt 5.4.6

– in Zonen der Nutzungen 1 bis 4, 8, 12, 28, 31 und 36[**] :
tageslichtabhängige Kontrolle, Kontrollart „gedimmt, nicht ausschaltend" gemäß DIN V 18599-4 : 2011-12 Abschnitt 5.5.4 (einschließlich Konstantlichtkontrolle)

– im Übrigen: manuell

3.1 Heizung (Raumhöhen ≤ 4 m) – Wärmeerzeuger

Brennwertkessel „verbessert" nach DIN V 18599-5 : 2011-12 Tabelle 47 Fußnote a, Gebläsebrenner, Heizöl EL, Aufstellung außerhalb der thermischen Hülle, Wasserinhalt > 0,15 l/kW

3.2 Heizung (Raumhöhen ≤ 4 m) – Wärmeverteilung

– bei statischer Heizung und Umluftheizung (dezentrale Nachheizung in RLT-Anlage):
Zweirohrnetz, außen liegende Verteilleitungen im unbeheizten Bereich, innen liegende Steigstränge, innen liegende Anbindeleitungen, Systemtemperatur 55/45 °C, hydraulisch abgeglichen, Δp konstant, Pumpe auf Bedarf ausgelegt, Pumpe mit intermittierendem Betrieb, keine Überströmventile, für den Referenzfall sind die Rohrleitungslängen und die Umgebungstemperaturen gemäß den Standardwerten nach DIN V 18599-5 : 2011-12 zu ermitteln.
– bei zentralem RLT-Gerät:
Zweirohrnetz, Systemtemperatur 70/55 °C, hydraulisch abgeglichen, Δp konstant, Pumpe auf Bedarf ausgelegt, für den Referenzfall sind die Rohrleitungslängen und die Lage der Rohrleitungen wie beim zu errichtenden Gebäude anzunehmen.

3.3 Heizung (Raumhöhen ≤ 4 m) – Wärmeübergabe

– bei statischer Heizung:
freie Heizflächen an der Außenwand (bei Anordnung vor Glasflächen mit Strahlungsschutz); P-Regler (1K), keine Hilfsenergie
– bei Umluftheizung (dezentrale Nachheizung in RLT-Anlage):

39

Zeile	Bauteile/Systeme	Eigenschaft (zu Zeilen 1.1 bis 1.13)	Referenzausführung/Wert (Maßeinheit)
		Regelgröße Raumtemperatur, hohe Regelgüte.	
3.4	Heizung (Raumhöhen > 4 m)	Dezentrales Heizsystem: Wärmeerzeuger gemäß DIN V 18599-5 : 2011-12 Tabelle 50: – Dezentraler Warmlufterzeuger – nicht kondensierender Betrieb – Leistung 25 bis 50 kW – Energieträger Erdgas – Leistungsregelung 1 (einstufig oder mehrstufig/modulierend ohne Anpassung der Verbrennungsluftmenge) Wärmeübergabe gemäß DIN V 18599-5 : 2011-12 Tabelle 13: – Radialventilator, seitlicher Luftauslass, ohne Warmluftrückführung Raumtemperaturregelung P-Regler	
4.1	Warmwasser – zentrales System	Wärmeerzeuger: Solaranlage mit Flachkollektor in Standardausführung nach DIN V 18599-8 : 2011-12, berichtigt durch DIN V 18599-8 Berichtigung 1 : 2013-05, jedoch abweichend auch für zentral warmwasserversorgte Nettogrundflächen über 3 000 m^2 Restbedarf über Wärmeerzeuger der Heizung Wärmespeicherung: bivalenter, außerhalb der thermischen Hülle aufgestellter Speicher nach DIN V 18599-8 : 2011-12 Abschnitt 6.3.1, berichtigt durch DIN V 18599-8 Berichtigung 1 : 2013-05 Wärmeverteilung: mit Zirkulation, für den Referenzfall sind die Rohrleitungslänge und die Lage der Rohrleitungen wie beim zu errichtenden Gebäude anzunehmen.	
4.2	Warmwasser – dezentrales System	elektrischer Durchlauferhitzer, eine Zapfstelle und 6 m Leitungslänge pro Gerät	
5.1	Raumlufttechnik – Abluftanlage	spezifische Leistungsaufnahme Ventilator	P_{SFP} = 1,0 kW/(m^3/s)
5.2	Raumlufttechnik – Zu- und Abluftanlage ohne Nachheiz- und Kühlfunktion	Soweit für Zonen der Nutzungen 4, 8, 9, 12, 13, 23, 24, 35, 37 und 40** eine Zu- und Abluftanlage vorgesehen wird, ist diese mit bedarfsabhängiger Luftvolumenstromregelung gemäß DIN V 18599-7 : 2011-12 Abschnitt 5.8.1 auszulegen. Spezifische Leistungsaufnahme – Zuluftventilator	P_{SFP} = 1,5 kW/(m^3/s)
		– Abluftventilator	P_{SFP} = 1,0 kW/(m^3/s)
		Zuschläge nach DIN EN 13779 : 2007-09 Abschnitt 6.5.2 können nur für den Fall von HEPA-Filtern, Gasfiltern oder Wärmerückführungsklassen H2 oder H1 angerechnet werden. – Wärmerückgewinnung über Plattenwärmeübertrager (Kreuzgegenstrom) Rückwärmzahl	η_t = 0,6
		Druckverhältniszahl	f_p = 0,4
		Luftkanalführung: innerhalb des Gebäudes	

Zeile	Bauteile/Systeme	Eigenschaft (zu Zeilen 1.1 bis 1.13)	Referenzausführung/Wert (Maßeinheit)
5.3	Raumlufttechnik – Zu- und Abluftanlage mit geregelter Luftkonditionierung	Soweit für Zonen der Nutzungen 4, 8, 9, 12, 13, 23, 24, 35, 37 und 40** eine Zu- und Abluftanlage vorgesehen wird, ist diese mit bedarfsabhängiger Luftvolumenstromregelung gemäß DIN V 18599-7 : 2011-12 Abschnitt 5.8.1 auszulegen.	

Spezifische Leistungsaufnahme

– Zuluftventilator $P_{SFP} = 1,5 \text{ kW}/(\text{m}^3/\text{s})$

– Abluftventilator $P_{SFP} = 1,0 \text{ kW}/(\text{m}^3/\text{s})$

Zuschläge nach DIN EN 13779 : 2007-09 Abschnitt 6.5.2 können nur für den Fall von HEPA-Filtern, Gasfiltern oder Wärmerückführungsklassen H2 oder H1 angerechnet werden.

– Wärmerückgewinnung über Plattenwärmeübertrager (Kreuzgegenstrom)

Rückwärmzahl	Φ_{rec} bzw. $\eta_t = 0,6$
Zulufttemperatur	18 °C
Druckverhältniszahl	$f_p = 0,4$

Luftkanalführung: innerhalb des Gebäudes

5.4	Raumlufttechnik – Luftbefeuchtung	für den Referenzfall ist die Einrichtung zur Luftbefeuchtung wie beim zu errichtenden Gebäude anzunehmen	
5.5	Raumlufttechnik – Nur-Luft-Klimaanlagen	als Variabel-Volumenstrom-System ausgeführt:	

Druckverhältniszahl $f_p = 0,4$

Luftkanalführung: innerhalb des Gebäudes

6	Raumkühlung	– Kältesystem:	

Kaltwasser-Ventilatorkonvektor, Brüstungsgerät

Kaltwassertemperatur 14/18 °C

– Kaltwasserkreis Raumkühlung:

Überströmung 10 %

spezifische elektrische Leistung der Verteilung hydraulisch abgeglichen, geregelte Pumpe, Pumpe hydraulisch entkoppelt, saisonale sowie Nacht- und Wochenendabschaltung $P_{d,spez} = 30 \text{ W}_{el}/\text{kW}_{Kälte}$

7	Kälteerzeugung	Erzeuger:	

Kolben/Scrollverdichter mehrstufig schaltbar, R134a, luftgekühlt

Kaltwassertemperatur:

– bei mehr als 5 000 m² mittels Raumkühlung konditionierter Nettogrundfläche, für diesen Konditionierungsanteil 14/18 °C

– im Übrigen: 6/12 °C

Kaltwasserkreis Erzeuger inklusive RLT-Kühlung:

Überströmung 30 %

spezifische elektrische Leistung der

Zeile	Bauteile/Systeme	Eigenschaft (zu Zeilen 1.1 bis 1.13)	Referenzausführung/Wert (Maßeinheit)
		Verteilung hydraulisch abgeglichen, ungeregelte Pumpe, Pumpe hydraulisch entkoppelt, saisonale sowie Nacht- und Wochenendabschaltung, Verteilung außerhalb der konditionierten Zone.	$P_{d,spez} = 20\ W_{el}/kW_{Kälte}$
		Der Primärenergiebedarf für das Kühlsystem und die Kühlfunktion der raumlufttechnischen Anlage darf für Zonen der Nutzungen 1 bis 3, 8, 10, 16 bis 20 und 31[**] nur zu 50 % angerechnet werden.	
8	Gebäudeautomation	– Summand $\Delta\theta_{EMS}$: gemäß Klasse C – Faktor adaptiver Betrieb f_{adapt}: Klasse C jeweils nach DIN V 18599-11 : 2011-12	

[*] Die Angaben nach Anlage 4 zum Überprüfungsverfahren für die Dichtheit bleiben unberührt.

[**] Nutzungen nach Tabelle 5 der DIN V 18599-10 : 2011-12.

1.2
Systemgrenze, Flächenangaben
Die Systemgrenze für die Berechnung der energiebezogenen Angaben ist die Hüllfläche aller konditionierten Zonen nach DIN V 18599-1 : 2011-12 Abschnitt 8. Bezugsfläche der energiebezogenen Angaben ist die Nettogrundfläche gemäß § 2 Nummer 15.

1.3
Höchstwerte der Wärmedurchgangskoeffizienten
Die Wärmedurchgangskoeffizienten der wärmeübertragenden Umfassungsfläche eines zu errichtenden Nichtwohngebäudes dürfen die in Tabelle 2 angegebenen Werte nicht überschreiten. Satz 1 ist auf Außentüren nicht anzuwenden. Für Gebäudezonen mit mehr als 4 m Raumhöhe, die durch dezentrale Gebläse- oder Strahlungsheizungen beheizt werden, gilt das Anforderungsniveau nach Tabelle 2 Zeile 1a, 2a, 3a und 4a.

Tabelle 2
Höchstwerte der Wärmedurchgangskoeffizienten der wärmeübertragenden Umfassungsfläche von Nichtwohngebäuden

Zeile	Bauteile	Anforderungsniveau	Höchstwerte der nach Nummer 2.3 bestimmten Mittelwerte der Wärmedurchgangskoeffizienten	
			Zonen mit Raum-Soll-temperaturen im Heizfall $\geq 19\ °C$	Zonen mit Raum-Soll-temperaturen im Heizfall von 12 bis < 19 °C
1a	Opake Außen-bauteile, soweit nicht in Bauteilen der Zeilen 3 und 4	nach EnEV 2009[*]	$U = 0,35\ W/(m^2 \cdot K)$	$U = 0,50\ W/(m^2 \cdot K)$
1b		für Neubauvorhaben bis zum 31. Dezember 2015[**]	$U = 0,35\ W/(m^2 \cdot K)$	

Zeile	Bauteile	Anforderungsniveau	Höchstwerte der nach Nummer 2.3 bestimmten Mittelwerte der Wärmedurchgangskoeffizienten	
			Zonen mit Raum-Soll-temperaturen im Heizfall ≥ 19 °C	Zonen mit Raum-Soll-temperaturen im Heizfall von 12 bis < 19 °C
1c	enthalten	für Neubauvorhaben ab dem 1. Januar 2016[**]	—U = 0,28 W/(m²·K)	
2a	Transparente Außenbauteile, soweit nicht in Bauteilen der Zeilen 3 und 4 enthalten	nach EnEV 2009[*]	—U = 1,9 W/(m²·K)	
2b		für Neubauvorhaben bis zum 31. Dezember 2015[**]	—U = 1,9 W/(m²·K)	—U = 2,8 W/(m²·K)
2c		für Neubauvorhaben ab dem 1. Januar 2016[**]	—U = 1,5 W/(m²·K)	
3a	Vorhangfassade	nach EnEV 2009[*]	—U = 1,9 W/(m²·K)	
3b		für Neubauvorhaben bis zum 31. Dezember 2015[**]	—U = 1,9 W/(m²·K)	—U = 3,0 W/(m²·K)
3c		für Neubauvorhaben ab dem 1. Januar 2016[**]	—U = 1,5 W/(m²·K)	
4a	Glasdächer, Lichtbänder, Lichtkuppeln	nach EnEV 2009[*]	—U = 3,1 W/(m²·K)	
4b		für Neubauvorhaben bis zum 31. Dezember 2015[**]	—U = 3,1 W/(m²·K)	—U = 3,1 W/(m²·K)
4c		für Neubauvorhaben ab dem 1. Januar 2016[**]	—U = 2,5 W/(m²·K)	

[*] Energieeinsparverordnung vom 24. Juli 2007 (BGBl. I S. 1519), die durch Artikel 1 der Verordnung vom 29. April 2009 (BGBl. I S. 954) geändert worden ist.

[**] § 28 bleibt unberührt.

2

2.1 **Berechnungsverfahren für Nichtwohngebäude (zu § 4 Absatz 3 und § 9 Absatz 2 und 5)**

Berechnung des Jahres-Primärenergiebedarfs

2.1.1

Der Jahres-Primärenergiebedarf Q_p für Nichtwohngebäude ist nach DIN V 18599:2011-12, berichtigt durch DIN V 18599-5 Berichtigung 1 : 2013-05 und durch DIN V 18599-8 Berichtigung 1 : 2013-05, zu ermitteln. Als Primärenergiefaktoren sind die Werte für den nicht erneuerbaren Anteil nach DIN V 18599-1 : 2011-12 anzusetzen. Anlage 1 Nr. 2.1.1 Satz 3 bis 8 ist entsprechend anzuwenden.

2.1.2

Unbeschadet der Regelungen in den Nummern 2.1.3 und 2.1.6 sind als Randbedingungen zur Berechnung des Jahres-Primärenergiebedarfs die in den Tabellen 5 bis 9 der DIN V 18599-10 : 2011-12 aufgeführten Nutzungsrandbedingungen und Klimadaten zu verwenden;

bei der Berechnung des Referenzgebäudes müssen die in Tabelle 5 der DIN V 18599-10 : 2011-12 als Mindest- oder Maximalwerte enthaltenen Angaben unverändert angesetzt werden. Die Nutzungen 1 und 2 nach Tabelle 5 der DIN V 18599-10 : 2011-12 dürfen zur Nutzung 1 zusammengefasst werden. Darüber hinaus brauchen Energiebedarfsanteile nur unter folgenden Voraussetzungen in die Ermittlung des Jahres-Primärenergiebedarfs einer Zone einbezogen zu werden:

a)

Der Primärenergiebedarf für das Heizungssystem und die Heizfunktion der raumlufttechnischen Anlage ist zu bilanzieren, wenn die Raum-Solltemperatur des Gebäudes oder einer Gebäudezone für den Heizfall mindestens 12 Grad Celsius beträgt und eine durchschnittliche Nutzungsdauer für die Gebäudebeheizung auf Raum-Solltemperatur von mindestens vier Monaten pro Jahr vorgesehen ist.

b)

Der Primärenergiebedarf für das Kühlsystem und die Kühlfunktion der raumlufttechnischen Anlage ist zu bilanzieren, wenn für das Gebäude oder eine Gebäudezone für den Kühlfall der Einsatz von Kühltechnik und eine durchschnittliche Nutzungsdauer für Gebäudekühlung auf Raum-Solltemperatur von mehr als zwei Monaten pro Jahr und mehr als zwei Stunden pro Tag vorgesehen sind.

c)

Der Primärenergiebedarf für die Dampfversorgung ist zu bilanzieren, wenn für das Gebäude oder eine Gebäudezone eine solche Versorgung wegen des Einsatzes einer raumlufttechnischen Anlage nach Buchstabe b für durchschnittlich mehr als zwei Monate pro Jahr und mehr als zwei Stunden pro Tag vorgesehen ist.

d)

Der Primärenergiebedarf für Warmwasser ist zu bilanzieren, wenn ein Nutzenergiebedarf für Warmwasser in Ansatz zu bringen ist und der durchschnittliche tägliche Nutzenergiebedarf für Warmwasser wenigstens 0,2 kWh pro Person und Tag oder 0,2 kWh pro Beschäftigtem und Tag beträgt.

e)

Der Primärenergiebedarf für Beleuchtung ist zu bilanzieren, wenn in einem Gebäude oder einer Gebäudezone eine Beleuchtungsstärke von mindestens 75 lx erforderlich ist und eine durchschnittliche Nutzungsdauer von mehr als zwei Monaten pro Jahr und mehr als zwei Stunden pro Tag vorgesehen ist.

f)

Der Primärenergiebedarf für Hilfsenergien ist zu bilanzieren, wenn er beim Heizungssystem und der Heizfunktion der raumlufttechnischen Anlage, beim Kühlsystem und der Kühlfunktion der raumlufttechnischen Anlage, bei der Dampfversorgung, bei der Warmwasseranlage und der Beleuchtung auftritt. Der Anteil des Primärenergiebedarfs für Hilfsenergien für Lüftung ist zu bilanzieren, wenn eine durchschnittliche Nutzungsdauer der Lüftungsanlage von mehr als zwei Monaten pro Jahr und mehr als zwei Stunden pro Tag vorgesehen ist.

2.1.3

Abweichend von DIN V 18599-10 : 2011-12 Tabelle 5 darf bei Zonen der Nutzungen 6 und 7 die tatsächlich auszuführende Beleuchtungsstärke angesetzt werden, jedoch für die Nutzung 6 mit nicht mehr als 1 500 lx und für die Nutzung 7 mit nicht mehr als 1 000 lx. Beim Referenzgebäude ist der Primärenergiebedarf für Beleuchtung mit dem Tabellenverfahren nach DIN V 18599-4 : 2011-12 zu berechnen.

2.1.4

Die Vereinfachungen zur Zonierung, zur pauschalierten Zuweisung der Eigenschaften der Hüllfläche und zur Ermittlung von tageslichtversorgten Bereichen gemäß DIN V 18599-1 : 2011-12 Anhang D dürfen nach Maßgabe der dort angegebenen Bedingungen auch für zu errichtende Nichtwohngebäude verwendet werden.

2.1.5

Werden in Nichtwohngebäuden bauliche oder anlagentechnische Komponenten eingesetzt,

44

für deren energetische Bewertung keine anerkannten Regeln der Technik oder keine gemäß § 9 Absatz 2 Satz 2 dritter Teilsatz bekannt gemachten gesicherten Erfahrungswerte vorliegen, so dürfen die energetischen Eigenschaften dieser Komponenten unter Verwendung derselben Randbedingungen wie in den Berechnungsverfahren nach DIN V 18599 : 2011-12 durch dynamisch-thermische Simulationsrechnungen ermittelt werden.

2.1.6 Bei der Berechnung des Jahres-Primärenergiebedarfs des Referenzgebäudes und des Nichtwohngebäudes sind ferner die in Tabelle 3 genannten Randbedingungen zu verwenden.

Tabelle 3
Randbedingungen für die Berechnung des Jahres-Primärenergiebedarfs

Zeile	Kenngröße	Randbedingungen	
1	Verschattungsfaktor F_S	$F_S = 0,9$	
		soweit die baulichen Bedingungen nicht detailliert berücksichtigt werden.	
2	Verbauungsindex I_V	$I_V = 0,9$	
		Eine genaue Ermittlung nach DIN V 18599-4 : 2011-12 Abschnitt 5.5.2 ist zulässig.	
3	Heizunterbrechung	– Heizsysteme in Raumhöhen $\leq$ 4 m: Absenkbetrieb gemäß DIN V 18599-2 : 2011-12 Gleichung (28) – Heizsysteme in Raumhöhen > 4 m: Abschaltbetrieb gemäß DIN V 18599-2 : 2011-12 Gleichung (29) jeweils mit Dauer gemäß den Nutzungsrandbedingungen in Tabelle 5 der DIN V 18599-10 : 2011-12	
4	Solare Wärmegewinne über opake Bauteile	– Emissionsgrad der Außenfläche für Wärmestrahlung:	$\varepsilon = 0,8$
		– Strahlungsabsorptionsgrad an opaken Oberflächen:	$\alpha = 0,5$
		für dunkle Dächer kann abweichend angenommen werden.	$\alpha = 0,8$
5	Wartungsfaktor der Beleuchtung	Der Wartungsfaktor WF ist wie folgt anzusetzen:	
		– in Zonen der Nutzungen 14, 15 und 22[*]	mit 0,6
		– im Übrigen	mit 0,8.
		Dementsprechend ist der Energiebedarf für einen Berechnungsbereich im Tabellenverfahren nach DIN V 18599-4 : 2011-12 Abschnitt 5.4.2 Gleichung (10) mit dem folgenden Faktor zu multiplizieren:	
		– für die Nutzungen 14, 15 und 22[*]	mit 1,12
		– im Übrigen	mit 0,84.
6	Gebäudeautomation	– Klasse C – Klasse A oder B bei entsprechendem Ausstattungsniveau jeweils nach DIN V 18599-11 : 2011-12	

[*] Nutzungen nach Tabelle 5 der DIN V 18599-10 : 2011-12.

2.1.7

Wird bei der Errichtung eines Nichtwohngebäudes in einer Zone keine Beleuchtungsanlage eingebaut, so sind dort bei der Berechnung als Beleuchtungsart eine direkt/indirekte Beleuchtung mit elektronischem Vorschaltgerät und stabförmiger Leuchtstofflampe und eine Regelung der Beleuchtung gemäß Tabelle 1 Zeile 2.2 anzunehmen.

2.1.8

Abweichend von DIN V 18599-10 : 2011-12 darf bei Zonen der Nutzungen 5 bis 7, 18 bis 20 und 24 von einer „Raum-Solltemperatur Heizung" von 17 Grad Celsius ausgegangen werden, soweit die tatsächlichen Nutzungsbedingungen dies nahelegen. Zonen der Nutzungen 32 und 33 (Parkhäuser) sind als unbeheizt und ungekühlt anzunehmen.

2.1.9

Im Fall gemeinsamer Heizungsanlagen für mehrere Gebäude darf für die Berechnung Anlage 1 Nummer 2.8 sinngemäß angewendet werden.

2.2

Zonierung

2.2.1

Soweit sich bei einem Gebäude Flächen hinsichtlich ihrer Nutzung, ihrer technischen Ausstattung, ihrer inneren Lasten oder ihrer Versorgung mit Tageslicht wesentlich unterscheiden, ist das Gebäude nach Maßgabe der DIN V 18599-1 : 2011-12 in Verbindung mit DIN V 18599-10 : 2011-12 und den Vorgaben in Nr. 1 dieser Anlage in Zonen zu unterteilen. Die Nutzungen 1 und 2 nach Tabelle 5 der DIN V 18599-10 : 2011-12 dürfen zur Nutzung 1 zusammengefasst werden.

2.2.2

Für Nutzungen, die nicht in DIN V 18599-10 : 2011-12 aufgeführt sind, kann

a)

die Nutzung 17 der Tabelle 5 in DIN V 18599-10 : 2011-12 verwendet werden oder

b)

eine Nutzung auf der Grundlage der DIN V 18599-10 : 2011-12 unter Anwendung gesicherten allgemeinen Wissensstandes individuell bestimmt und verwendet werden. In Fällen des Buchstabens b sind die gewählten Angaben zu begründen und den Berechnungen beizufügen. Steht bei der Errichtung eines Nichtwohngebäudes die Nutzung einer Zone noch nicht fest, ist hierfür gemäß Buchstabe a zu verfahren.

2.3

Berechnung des Mittelwerts des Wärmedurchgangskoeffizienten
Bei der Berechnung des Mittelwerts des jeweiligen Bauteils sind die Bauteile nach Maßgabe ihres Flächenanteils zu berücksichtigen. Die Wärmedurchgangskoeffizienten von Bauteilen gegen unbeheizte Räume (außer Dachräumen) oder Erdreich sind zusätzlich mit dem Faktor 0,5 zu gewichten. Bei der Berechnung des Mittelwerts der an das Erdreich angrenzenden Bodenplatten bleiben die Flächen unberücksichtigt, die mehr als 5 m vom äußeren Rand des Gebäudes entfernt sind. Die Berechnung ist für Zonen mit unterschiedlichen Raum-Solltemperaturen im Heizfall getrennt durchzuführen. Für die Bestimmung der Wärmedurchgangskoeffizienten der verwendeten Bauausführungen gelten die Fußnoten zu Anlage 3 Tabelle 1 entsprechend.

3

Vereinfachtes Berechnungsverfahren für Nichtwohngebäude (zu § 4 Absatz 3 und § 9 Absatz 2 und 5)

3.1

Zweck und Anwendungsvoraussetzungen

3.1.1

Im vereinfachten Verfahren sind die Bestimmungen der Nr. 2 nur insoweit anzuwenden, als Nr. 3 keine abweichenden Bestimmungen trifft.

3.1.2

Im vereinfachten Verfahren darf der Jahres-Primärenergiebedarf des Nichtwohngebäudes sowie des Referenzgebäudes abweichend von Nr. 2.2 unter Verwendung eines Ein-Zonen-

46

Modells ermittelt werden.

3.1.3

Das vereinfachte Verfahren gilt für

a)

Bürogebäude, ggf. mit Verkaufseinrichtung, Gewerbebetrieb oder Gaststätte,

b)

Gebäude des Groß- und Einzelhandels mit höchstens 1 000 m^2 Nettogrundfläche, wenn neben der Hauptnutzung nur Büro-, Lager-, Sanitär- oder Verkehrsflächen vorhanden sind,

c)

Gewerbebetriebe mit höchstens 1 000 m^2 Nettogrundfläche, wenn neben der Hauptnutzung nur Büro-, Lager-, Sanitär- oder Verkehrsflächen vorhanden sind,

d)

Schulen, Turnhallen, Kindergärten und -tagesstätten und ähnliche Einrichtungen,

e)

Beherbergungsstätten ohne Schwimmhalle, Sauna oder Wellnessbereich und

f)

Bibliotheken.

In Fällen des Satzes 1 kann das vereinfachte Verfahren angewendet werden, wenn

a)

die Summe der Nettogrundflächen aus der Hauptnutzung gemäß Tabelle 4 Spalte 3 und den Verkehrsflächen des Gebäudes mehr als zwei Drittel der gesamten Nettogrundfläche des Gebäudes beträgt,

b)

in dem Gebäude die Beheizung und die Warmwasserbereitung für alle Räume auf dieselbe Art erfolgen,

c)

das Gebäude nicht gekühlt wird,

d)

höchstens 10 vom Hundert der Nettogrundfläche des Gebäudes durch Glühlampen, Halogenlampen oder durch die Beleuchtungsart „indirekt" nach DIN V 18599-4 : 2011-12 beleuchtet werden und

e)

außerhalb der Hauptnutzung keine raumlufttechnische Anlage eingesetzt wird, deren Werte für die spezifische Leistungsaufnahme der Ventilatoren die entsprechenden Werte in Tabelle 1 Zeilen 5.1 und 5.2 überschreiten.

Abweichend von Satz 2 Buchstabe c kann das vereinfachte Verfahren auch angewendet werden, wenn in einem Bürogebäude eine Verkaufseinrichtung, ein Gewerbebetrieb oder eine Gaststätte gekühlt wird und die Nettogrundfläche der gekühlten Räume jeweils 450 m^2 nicht übersteigt. Der Energiebedarf für die Kühlung von Anlagen der Datenverarbeitung bleibt als Energieeinsatz für Produktionsprozesse im Sinne von § 1 Absatz 2 Satz 2 außer Betracht.

3.2

Besondere Randbedingungen und Maßgaben

3.2.1

Abweichend von Nr. 2.2.1 ist bei der Berechnung des Jahres-Primärenergiebedarfs die entsprechende Nutzung nach Tabelle 4 Spalte 4 zu verwenden. Der Nutzenergiebedarf für Warmwasser ist mit dem Wert aus Spalte 5 in Ansatz zu bringen.

Tabelle 4
Randbedingungen für das vereinfachte Verfahren für die Berechnungen des Jahres-Primärenergiebedarfs

47

Zeile	Gebäudetyp	Hauptnutzung	Nutzung (Nummer gemäß DIN V 18599-10 : 2011-12 Tabelle 5)	Nutzenergiebedarf Warmwasser*)
1	2	3	4	5
1	Bürogebäude	Einzelbüro (Nr. 1) Gruppenbüro (Nr. 2) Großraumbüro (Nr. 3) Besprechung, Sitzung, Seminar (Nr. 4)	Einzelbüro (Nr. 1)	0
1.1	Bürogebäude mit Verkaufseinrichtung oder Gewerbebetrieb	wie Zeile 1	Einzelbüro (Nr. 1)	0
1.2	Bürogebäude mit Gaststätte	wie Zeile 1	Einzelbüro (Nr. 1)	1,5 kWh je Sitzplatz in der Gaststätte und Tag
2	Gebäude des Groß- und Einzelhandels bis 1 000 m² NGF	Groß-, Einzelhandel/Kaufhaus	Einzelhandel/ Kaufhaus (Nr. 6)	0
3	Gewerbebetriebe bis 1 000 m² NGF	Gewerbe	Gewerbliche und industrielle Hallen – leichte Arbeit, überwiegend sitzende Tätigkeit (Nummer 22.3)	1,5 kWh je Beschäftigten und Tag
4	Schule, Kindergarten und -tagesstätte, ähnliche Einrichtungen	Klassenzimmer, Gruppenraum	Klassenzimmer/ Gruppenraum (Nr. 8)	ohne Duschen: 85 Wh/ $(m^2 \cdot d)$ mit Duschen: 250 Wh/ $(m^2 \cdot d)$
5	Turnhalle	Turnhalle	Turnhalle (Nr. 31)	1,5 kWh je Person und Tag
6	Beherbergungsstätte ohne Schwimmhalle, Sauna oder Wellnessbereich	Hotelzimmer	Hotelzimmer (Nr. 11)	250 Wh/$(m^2 \cdot d)$
7	Bibliothek	Lesesaal, Freihandbereich	Bibliothek, Lesesaal (Nr. 28)	30 Wh/$(m^2 \cdot d)$

3.2.2

Bei Anwendung des vereinfachten Verfahrens sind der Höchstwert und der Referenzwert des Jahres-Primärenergiebedarfs in Fällen der Nummer 3.1.3 Satz 3 pauschal um 50 kWh/$(m^2 \cdot a)$ je m² gekühlte Nettogrundfläche der Verkaufseinrichtung, des Gewerbebetriebes oder der Gaststätte zu erhöhen; dieser Betrag ist im Energieausweis als elektrische Energie für Kühlung auszuweisen.

3.2.3

Der Jahres-Primärenergiebedarf für Beleuchtung darf vereinfacht für den Bereich der Hauptnutzung berechnet werden, der die geringste Tageslichtversorgung aufweist.

3.2.4

Der im vereinfachten Verfahren nach Maßgaben der Nummern 3.2.1 bis 3.2.3 ermittelte Jahres-Primärenergiebedarf des Referenzgebäudes nach Nummer 1.1 ist um 10 Prozent zu reduzieren; der reduzierte Wert ist der Höchstwert des Jahres-Primärenergiebedarfs des zu errichtenden Gebäudes.

4

Sommerlicher Wärmeschutz (zu § 4 Absatz 4)
Auf den baulichen sommerlichen Wärmeschutz von Nichtwohngebäuden ist Anlage 1 Nummer 3 entsprechend anzuwenden.

*)

Die flächenbezogenen Werte beziehen sich auf die gesamte Nettogrundfläche des Gebäudes.

-

Anlage 3 (zu den §§ 8 und 9)
Anforderungen bei Änderung von Außenbauteilen und bei Errichtung kleiner Gebäude;
Randbedingungen und Maßgaben für die Bewertung bestehender Wohngebäude

(Fundstelle: BGBl. I 2007, 1544 - 1548;
bzgl. der einzelnen Änderungen vgl. Fußnote)

1

Außenwände
Soweit bei beheizten oder gekühlten Räumen Außenwände ersetzt oder erstmals eingebaut werden, sind die Anforderungen nach Tabelle 1 Zeile 1 einzuhalten. Dies ist auch auf Außenwände anzuwenden, die in der Weise erneuert werden, dass bei einer bestehenden Wand

a)

auf der Außenseite Bekleidungen in Form von Platten oder plattenartigen Bauteilen oder Verschalungen sowie Mauerwerks-Vorsatzschalen angebracht werden oder

b)

der Außenputz erneuert wird.
Satz 2 ist nicht auf Außenwände anzuwenden, die unter Einhaltung energiesparrechtlicher Vorschriften nach dem 31. Dezember 1983 errichtet oder erneuert worden sind. Werden Maßnahmen nach Satz 1 oder 2 ausgeführt und ist die Dämmschichtdicke im Rahmen dieser Maßnahmen aus technischen Gründen begrenzt, so gelten die Anforderungen als erfüllt, wenn die nach anerkannten Regeln der Technik höchstmögliche Dämmschichtdicke (bei einem Bemessungswert der Wärmeleitfähigkeit λ = 0,035 W/(m·K)) eingebaut wird. Werden Maßnahmen nach Satz 1 oder 2 ausgeführt und wird hierbei Satz 4 angewendet, ist ein Bemessungswert der Wärmeleitfähigkeit von λ = 0,045 W/(m·K) einzuhalten, soweit Dämm-Materialien in Hohlräume eingeblasen oder Dämm-Materialien aus nachwachsenden Rohstoffen verwendet werden.

2

Fenster, Fenstertüren, Dachflächenfenster und Glasdächer
Soweit bei beheizten oder gekühlten Räumen gegen Außenluft abgrenzende Fenster, Fenstertüren, Dachflächenfenster und Glasdächer in der Weise erneuert werden, dass

a)

das gesamte Bauteil ersetzt oder erstmalig eingebaut wird,

b)

zusätzliche Vor- oder Innenfenster eingebaut werden oder

c)

die Verglasung oder verglaste Flügelrahmen ersetzt werden,
sind die Anforderungen nach Tabelle 1 Zeile 2 einzuhalten. Werden Maßnahmen gemäß Buchstabe a an Fenstertüren mit Klapp-, Falt-, Schiebe- oder Hebemechanismus durchgeführt, sind die Anforderungen nach Tabelle 1 Zeile 2f

49

einzuhalten. Bei Maßnahmen gemäß Buchstabe c gilt Satz 1 nicht, wenn der vorhandene Rahmen zur Aufnahme der vorgeschriebenen Verglasung ungeeignet ist. Werden Maßnahmen nach Buchstabe c ausgeführt und ist die Glasdicke im Rahmen dieser Maßnahmen aus technischen Gründen begrenzt, so gelten die Anforderungen als erfüllt, wenn eine Verglasung mit einem Wärmedurchgangskoeffizienten von höchstens 1,3 W/(m^2·K) eingebaut wird. Werden Maßnahmen nach Buchstabe c an Kasten- oder Verbundfenstern durchgeführt, so gelten die Anforderungen als erfüllt, wenn eine Glastafel mit einer infrarotreflektierenden Beschichtung mit einer Emissivität Epsilon(tief)n <= 0,2 eingebaut wird. Werden bei Maßnahmen nach Satz 1

1.
    Schallschutzverglasungen mit einem bewerteten Schalldämmmaß der Verglasung von R(tief)w,R <= 40 dB nach DIN EN ISO 717-1 : 1997-01 oder einer vergleichbaren Anforderung oder

2.
    Isolierglas-Sonderaufbauten zur Durchschusshemmung, Durchbruchhemmung oder Sprengwirkungshemmung nach anerkannten Regeln der Technik oder

3.
    Isolierglas-Sonderaufbauten als Brandschutzglas mit einer Einzelelementdicke von mindestens 18 mm nach DIN 4102-13 : 1990-05 oder einer vergleichbaren Anforderung verwendet, sind abweichend von Satz 1 die Anforderungen nach Tabelle 1 Zeile 3 einzuhalten.

3   **Außentüren**
Bei der Erneuerung von Außentüren dürfen nur Außentüren eingebaut werden, deren Türfläche einen Wärmedurchgangskoeffizienten von 1,8 W/(m^2·K) nicht überschreitet. Satz 1 ist auf rahmenlose Türanlagen aus Glas, Karusselltüren und kraftbetätigte Türen nicht anzuwenden.

4   **Dachflächen sowie Decken und Wände gegen unbeheizte Dachräume**
Soweit bei beheizten oder gekühlten Räumen Dachflächen einschließlich Dachgauben, die gegen die Außenluft abgrenzen, sowie Decken und Wände, die gegen unbeheizte Dachräume abgrenzen, ersetzt oder erstmals eingebaut werden, sind für die betroffenen Bauteile die Anforderungen nach Tabelle 1 Zeile 4a einzuhalten. Soweit derartige Bauteile in der Weise erneuert werden, dass

a)
    eine Dachdeckung einschließlich darunter liegender Lattungen und Verschalungen ersetzt oder neu aufgebaut werden,

b)
    eine Abdichtung, die flächig (zum Beispiel mit geschlossenen Nähten und Stößen) das Gebäude wasserdicht abdichtet, durch eine neue Schicht gleicher Funktion ersetzt wird (bei Kaltdachkonstruktionen einschließlich darunter liegender Lattungen),

c)
    bei Wänden zum unbeheizten Dachraum (einschließlich Abseitenwänden) auf der kalten Seite Bekleidungen oder Verschalungen aufgebracht oder erneuert werden oder Dämmschichten eingebaut werden oder

d)
    bei Decken zum unbeheizten Dachraum (oberste Geschossdecken) auf der kalten Seite Bekleidungen oder Verschalungen aufgebracht oder erneuert werden oder Dämmschichten eingebaut werden,

sind für die betroffenen Bauteile bei Maßnahmen nach den Buchstaben a, c und d die Anforderungen nach Tabelle 1 Zeile 4a sowie bei Maßnahmen nach Buchstabe b die Anforderungen nach Tabelle 1 Zeile 4b einzuhalten. Satz 2 ist nicht auf Bauteile anzuwenden, die unter Einhaltung energiesparrechtlicher Vorschriften nach dem 31.

Dezember 1983 errichtet oder erneuert worden sind. Wird bei Maßnahmen nach Satz 2 Buchstabe a der Wärmeschutz als Zwischensparrendämmung ausgeführt und ist die Dämmschichtdicke wegen einer innenseitigen Bekleidung oder der Sparrenhöhe begrenzt, so gilt die Anforderung als erfüllt, wenn die nach anerkannten Regeln der Technik höchstmögliche Dämmschichtdicke (bei einem Bemessungswert der Wärmeleitfähigkeit λ = 0,035 W/(m·K)) eingebaut wird. Werden bei Maßnahmen nach Satz 2 Buchstabe b Gefälledächer durch die keilförmige Anordnung einer Dämmschicht aufgebaut, so ist der Wärmedurchgangskoeffizient nach DIN EN ISO 6946 :2008-04 Anhang C zu ermitteln; der Bemessungswert des Wärmedurchgangswiderstandes am tiefsten Punkt der neuen Dämmschicht muss den Mindestwärmeschutz nach § 7 Absatz 1 gewährleisten. Werden Maßnahmen nach Satz 2 ausgeführt und ist die Dämmschichtdicke im Rahmen dieser Maßnahmen aus technischen Gründen begrenzt, so gelten die Anforderungen als erfüllt, wenn die nach anerkannten Regeln der Technik höchstmögliche Dämmschichtdicke (bei einem Bemessungswert der Wärmeleitfähigkeit λ = 0,035 W/(m·K)) eingebaut wird; werden Maßnahmen nach Satz 2 ausgeführt und wird hierbei der erste Halbsatz angewendet, ist ein Bemessungswert der Wärmeleitfähigkeit von λ = 0,045 W/(m·K) einzuhalten, soweit Dämm-Materialien in Hohlräume eingeblasen oder Dämm-Materialien aus nachwachsenden Rohstoffen verwendet werden. Die Sätze 1 bis 6 sind nur auf opake Bauteile anzuwenden.

5

Wände gegen Erdreich oder unbeheizte Räume (mit Ausnahme von Dachräumen) sowie Decken nach unten gegen Erdreich, Außenluft oder unbeheizte Räume

Soweit bei beheizten Räumen Wände, die an Erdreich oder an unbeheizte Räume (mit Ausnahme von Dachräumen) grenzen, oder Decken, die beheizte Räume nach unten zum Erdreich, zur Außenluft oder zu unbeheizten Räumen abgrenzen, ersetzt oder erstmals eingebaut werden, sind die Anforderungen der Tabelle 1 Zeile 5 einzuhalten. Dies ist auch anzuwenden, soweit derartige Bauteile in der Weise erneuert werden, dass

a)
  außenseitige Bekleidungen oder Verschalungen, Feuchtigkeitssperren oder Drainagen angebracht oder erneuert werden,

b)
  Fußbodenaufbauten auf der beheizten Seite aufgebaut oder erneuert werden oder

c)
  Deckenbekleidungen auf der Kaltseite angebracht werden.

Satz 2 ist nicht auf Bauteile anzuwenden, die unter Einhaltung energiesparrechtlicher Vorschriften nach dem 31. Dezember 1983 errichtet oder erneuert worden sind. Werden Maßnahmen nach Satz 1 oder 2 ausgeführt und ist die Dämmschichtdicke im Rahmen dieser Maßnahmen aus technischen Gründen begrenzt, so gelten die Anforderungen als erfüllt, wenn die nach anerkannten Regeln der Technik höchstmögliche Dämmschichtdicke (bei einem Bemessungswert der Wärmeleitfähigkeit λ = 0,035 W/(m·K)) eingebaut wird. Werden Maßnahmen nach Satz 1 oder 2 ausgeführt und wird hierbei Satz 4 angewendet, ist ein Bemessungswert der Wärmeleitfähigkeit von λ = 0,045 W/(m·K) einzuhalten, soweit Dämm-Materialien in Hohlräume eingeblasen oder Dämm-Materialien aus nachwachsenden Rohstoffen verwendet werden.

6

Vorhangfassaden

Soweit bei beheizten oder gekühlten Räumen Vorhangfassaden in Pfosten-Riegel-Konstruktion, deren Bauart DIN EN 13947 : 2007-07 entspricht, in der Weise erneuert werden, dass das gesamte Bauteil ersetzt oder erstmalig eingebaut wird, sind die Anforderungen nach Tabelle 1 Zeile 2d einzuhalten. Werden bei Maßnahmen nach Satz 1

Sonderverglasungen entsprechend Nummer 2 Satz 5 verwendet, sind abweichend von Satz 1 die Anforderungen nach Tabelle 1 Zeile 3 c einzuhalten.

7　　**Anforderungen**

Tabelle 1

Höchstwerte der Wärmedurchgangskoeffizienten bei erstmaligem Einbau, Ersatz und Erneuerung von Bauteilen

Zeile	Bauteil	Maßnahme nach	Wohngebäude und Zonen von Nichtwohngebäuden mit Innentemperaturen ≥ 19 °C	Zonen von Nicht-wohngebäuden mit Innentemperaturen von 12 bis < 19 °C
			Höchstwerte der Wärmedurchgangskoeffizienten U_{max}[1]	
1	Außenwände	Nummer 1 Satz 1 und 2	0,24 W/(m²·K)	0,35 W/(m²·K)
2a	Fenster, Fenstertüren	Nummer 2 Buchstabe a und b	1,3 W/(m²·K) [2]	1,9 W/(m²·K) [2]
2b	Dachflächenfenster	Nummer 2 Buchstabe a und b	1,4 W/(m²·K) [2]	1,9 W/(m²·K) [2]
2c	Verglasungen	Nummer 2 Buchstabe c	1,1 W/(m²·K) [3]	keine Anforderung
2d	Vorhangfassaden	Nummer 6 Satz 1	1,5 W/(m²·K) [4]	1,9 W/(m²·K) [4]
2e	Glasdächer	Nummer 2 Buchstabe a und c	2,0 W/(m²·K) [3]	2,7 W/(m²·K) [3]
2f	Fenstertüren mit Klapp-, Falt-, Schiebe- oder Hebemechanismus	Nummer 2 Buchstabe a	1,6 W/(m²·K) [2]	1,9 W/(m²·K) [2]
3a	Fenster, Fenstertüren, Dachflächenfenster mit Sonderverglasungen	Nummer 2 Buchstabe a und b	2,0 W/(m²·K) [2]	2,8 W/(m²·K) [2]
3b	Sonderverglasungen	Nummer 2 Buchstabe c	1,6 W/(m²·K) [3]	keine Anforderung
3c	Vorhangfassaden mit Sonderverglasungen	Nummer 6 Satz 2	2,3 W/(m²·K) [4]	3,0 W/(m²·K) [4]
4a	Dachflächen einschließlich Dachgauben, Wände gegen unbeheizten Dachraum (einschließlich Abseitenwänden), oberste Geschossdecken	Nummer 4 Satz 1 und 2 Buchstabe a, c und d	0,24 W/(m²·K)	0,35 W/(m²·K)
4b	Dachflächen mit Abdichtung	Nummer 4 Satz 2 Buchstabe b	0,20 W/(m²·K)	0,35 W/(m²·K)

Zeile	Bauteil	Maßnahme nach	Wohngebäude und Zonen von Nichtwohngebäuden mit Innentemperaturen $\geq 19\,°C$	Zonen von Nicht-wohngebäuden mit Innentemperaturen von 12 bis $< 19\,°C$
			Höchstwerte der Wärmedurchgangskoeffizienten U_{max}[1]	
5a	Wände gegen Erdreich oder unbeheizte Räume (mit Ausnahme von Dachräumen) sowie Decken nach unten gegen Erdreich oder unbeheizte Räume	Nummer 5 Satz 1 und 2 Buchstabe a und c	$0,30$ W/(m²·K)	keine Anforderung
5b	Fußbodenaufbauten	Nummer 5 Satz 2 Buchstabe b	$0,50$ W/(m²·K)	keine Anforderung
5c	Decken nach unten an Außenluft	Nummer 5 Satz 1 und 2 Buchstabe a und c	$0,24$ W/(m²·K)	$0,35$ W/(m²·K)

1   Wärmedurchgangskoeffizient des Bauteils unter Berücksichtigung der neuen und der vorhandenen Bauteilschichten; für die Berechnung der Bauteile nach den Zeilen 5a und b ist DIN V 4108-6 : 2003-06 Anhang E und für die Berechnung sonstiger opaker Bauteile ist DIN EN ISO 6946 : 2008-04 zu verwenden.

2   Bemessungswert des Wärmedurchgangskoeffizienten des Fensters; der Bemessungswert des Wärmedurchgangskoeffizienten des Fensters ist technischen Produkt-Spezifikationen zu entnehmen oder gemäß den nach den Landesbauordnungen bekannt gemachten energetischen Kennwerten für Bauprodukte zu bestimmen. Hierunter fallen insbesondere energetische Kennwerte aus Europäischen Technischen Bewertungen sowie energetische Kennwerte der Regelungen nach der Bauregelliste A Teil 1 und auf Grund von Festlegungen in allgemeinen bauaufsichtlichen Zulassungen.

3   Bemessungswert des Wärmedurchgangskoeffizienten der Verglasung; Fußnote 2 ist entsprechend anzuwenden.

4   Wärmedurchgangskoeffizient der Vorhangfassade; er ist nach DIN EN 13947 : 2007-07 zu ermitteln.

8

Randbedingungen und Maßgaben für die Bewertung bestehender Wohngebäude (zu § 9 Absatz 2)

Die Berechnungsverfahren nach Anlage 1 Nr. 2 sind bei bestehenden Wohngebäuden mit folgenden Maßgaben anzuwenden:

8.1

Wärmebrücken sind in dem Falle, dass mehr als 50 vom Hundert der Außenwand mit einer innen liegenden Dämmschicht und einbindender Massivdecke versehen sind, durch Erhöhung der Wärmedurchgangskoeffizienten um $\Delta U_{WB} = 0,15$ W/(m²·K) für die gesamte wärmeübertragende Umfassungsfläche zu berücksichtigen.

8.2

Die Luftwechselrate ist bei der Berechnung abweichend von DIN V 4108-6 : 2003-06[*]) Tabelle D.3 Zeile 8 bei offensichtlichen Undichtheiten, wie bei Fenstern ohne

53

funktionstüchtige Lippendichtung oder bei beheizten Dachgeschossen mit Dachflächen ohne luftdichte Ebene, mit 1,0 h^{-1} anzusetzen.

8.3

Bei der Ermittlung der solaren Gewinne nach DIN V 18599 : 2011-12 oder DIN V 4108-6 : 2003-06[*)] Abschnitt 6.4.3 ist der Minderungsfaktor für den Rahmenanteil von Fenstern mit F_F = 0,6 anzusetzen.

9.

1)

(weggefallen)

2)

Wärmedurchgangskoeffizient des Bauteils unter Berücksichtigung der neuen und der vorhandenen Bauteilschichten; für die Berechnung opaker Bauteile ist DIN EN ISO 6946 : 1996-11 zu verwenden.

3)

Bemessungswert des Wärmedurchgangskoeffizienten des Fensters; der Bemessungswert des Wärmedurchgangskoeffizienten des Fensters ist technischen Produkt-Spezifikationen zu entnehmen oder gemäß den nach den Landesbauordnungen bekannt gemachten energetischen Kennwerten für Bauprodukte zu bestimmen. Hierunter fallen insbesondere energetische Kennwerte aus Europäischen Technischen Bewertungen sowie energetische Kennwerte der Regelungen nach der Bauregelliste A Teil 1 und auf Grund von Festlegungen in allgemeinen bauaufsichtlichen Zulassungen.

4)

Bemessungswert des Wärmedurchgangskoeffizienten der Verglasung; der Bemessungswert des Wärmedurchgangskoeffizienten der Verglasung ist technischen Produkt-Spezifikationen zu entnehmen oder gemäß den nach den Landesbauordnungen bekannt gemachten energetischen Kennwerten für Bauprodukte zu bestimmen. Hierunter fallen insbesondere energetische Kennwerte aus Europäischen Technischen Bewertungen sowie energetische Kennwerte der Regelungen nach der Bauregelliste A Teil 1 und auf Grund von Festlegungen in allgemeinen bauaufsichtlichen Zulassungen.

*)

Wärmedurchgangskoeffizient der Vorhangfassade; er ist nach anerkannten Regeln der Technik zu ermitteln.

*)

Geändert durch DIN V 4108-6 Berichtigung 1 2004-03.

–

Geändert durch DIN V 4108-6 Berichtigung 1 2004-03.

Anlage 4 (zu § 6 Absatz 1)
Anforderungen an die Dichtheit des gesamten Gebäudes

(Fundstelle: BGBl. I 2013, 3976)

Wird bei Anwendung des § 6 Absatz 1 Satz 2 eine Überprüfung der Anforderungen nach § 6 Absatz 1 Satz 1 durchgeführt, darf der nach DIN EN 13829 : 2001-02 mit dem dort beschriebenen Verfahren B bei einer Druckdifferenz zwischen innen und außen von 50 Pa gemessene Volumenstrom – bezogen auf das beheizte oder gekühlte Luftvolumen – folgende Werte nicht überschreiten:

–

bei Gebäuden ohne raumlufttechnische Anlagen 3,0 h^{-1} und

–

bei Gebäuden mit raumlufttechnischen Anlagen 1,5 h^{-1}.

Abweichend von Satz 1 darf bei Wohngebäuden, deren Jahres-Primärenergiebedarf nach Anlage 1 Nummer 2.1.1 berechnet wird und deren Luftvolumen 1 500 m^3 übersteigt, sowie bei Nichtwohngebäuden, deren Luftvolumen aller konditionierten Zonen nach DIN V 18599-1 : 2011-12 insgesamt 1 500 m^{3}übersteigt, der nach DIN EN 13829 : 2001-02 mit dem dort beschriebenen Verfahren B bei einer Druckdifferenz zwischen innen und außen von 50 Pa gemessene Volumenstrom – bezogen auf die Hüllfläche des Gebäudes – folgende Werte nicht überschreiten:

–

    bei Gebäuden ohne raumlufttechnische Anlagen 4,5 m·h^{-1} und

–

    bei Gebäuden mit raumlufttechnischen Anlagen 2,5 m·h^{-1}.

Wird bei Berechnungen nach Anlage 2 Nummer 2 die Dichtheit nach Kategorie I lediglich für bestimmte Zonen berücksichtigt oder ergeben sich für einzelne Zonen des Gebäudes aus den Sätzen 1 und 2 unterschiedliche Anforderungen, so können die Sätze 1 und 2 auf diese Zonen getrennt angewandt werden.

–

Anlage 4a (zu § 13 Absatz 2)
Anforderungen an die Inbetriebnahme von Heizkesseln

(Fundstelle: BGBl. I 2009, 975;
bzgl. der einzelnen Änderungen vgl. Fußnote)

In Fällen des § 13 Absatz 2 sind der Einbau und die Aufstellung zum Zwecke der Inbetriebnahme nur zulässig, wenn das Produkt aus Erzeugeraufwandszahl e_g und Primärenergiefaktor f_p nicht größer als 1,30 ist. Die Erzeugeraufwandszahl e_g ist nach DIN V 4701-10 : 2003-08 Tabellen C.3-4b bis C.3-4f zu bestimmen. Soweit Primärenergiefaktoren nicht unmittelbar in dieser Verordnung festgelegt sind, ist der Primärenergiefaktor f_p für den nicht erneuerbaren Anteil nach DIN V 4701-10 : 2003-08, geändert durch A1 : 2012-07, zu bestimmen. Werden Niedertemperatur-Heizkessel oder Brennwertkessel als Wärmeerzeuger in Systemen der Nahwärmeversorgung eingesetzt, gilt die Anforderung des Satzes 1 als erfüllt.

–

Anlage 5 (zu § 10 Absatz 2, § 14 Absatz 5 und § 15 Absatz 4) Anforderungen an die Wärmedämmung von Rohrleitungen und Armaturen

(Fundstelle: BGBl. I 2009, 975 - 976;
bzgl. der einzelnen Änderungen vgl. Fußnote)

1

    In Fällen des § 10 Absatz 2 und des § 14 Absatz 5 sind die Anforderungen der Zeilen 1 bis 7 und in Fällen des § 15 Absatz 4 der Zeile 8 der Tabelle 1 einzuhalten, soweit sich nicht aus anderen Bestimmungen dieser Anlage etwas anderes ergibt.

Tabelle 1
Wärmedämmung von Wärmeverteilungs- und Warmwasserleitungen, Kälteverteilungs- und Kaltwasserleitungen sowie Armaturen

55

Zeile	Art der Leitungen/Armaturen	Mindestdicke der Dämmschicht, bezogen auf eine Wärmeleitfähigkeit von 0,035 W/(m·K)
1	Innendurchmesser bis 22 mm	20 mm
2	Innendurchmesser über 22 mm bis 35 mm	30 mm
3	Innendurchmesser über 35 mm bis 100 mm	gleich Innendurchmesser
4	Innendurchmesser über 100 mm	100 mm
5	Leitungen und Armaturen nach den Zeilen 1 bis 4 in Wand- und Deckendurchbrüchen, im Kreuzungsbereich von Leitungen, an Leitungsverbindungsstellen, bei zentralen Leitungsnetzverteilern	1/2 der Anforderungen der Zeilen 1 bis 4
6	Wärmeverteilungsleitungen nach den Zeilen 1 bis 4, die nach dem 31. Januar 2002 in Bauteilen zwischen beheizten Räumen verschiedener Nutzer verlegt werden	1/2 der Anforderungen der Zeilen 1 bis 4
7	Leitungen nach Zeile 6 im Fußbodenaufbau	6 mm
8	Kälteverteilungs- und Kaltwasserleitungen sowie Armaturen von Raumlufttechnik- und Klimakältesystemen	6 mm

Soweit in Fällen des § 14 Absatz 5 Wärmeverteilungs- und Warmwasserleitungen an Außenluft grenzen, sind diese mit dem Zweifachen der Mindestdicke nach Tabelle 1 Zeile 1 bis 4 zu dämmen.

2

In Fällen des § 14 Absatz 5 ist Tabelle 1 nicht anzuwenden, soweit sich Wärmeverteilungsleitungen nach den Zeilen 1 bis 4 in beheizten Räumen oder in Bauteilen zwischen beheizten Räumen eines Nutzers befinden und ihre Wärmeabgabe durch frei liegende Absperreinrichtungen beeinflusst werden kann. In Fällen des § 14 Absatz 5 ist Tabelle 1 nicht anzuwenden auf Warmwasserleitungen bis zu einem Wasserinhalt von 3 Litern, die weder in den Zirkulationskreislauf einbezogen noch mit elektrischer Begleitheizung ausgestattet sind (Stichleitungen) und sich in beheizten Räumen befinden.

3

Bei Materialien mit anderen Wärmeleitfähigkeiten als 0,035 W/(m·K) sind die Mindestdicken der Dämmschichten entsprechend umzurechnen. Für die Umrechnung und die Wärmeleitfähigkeit des Dämmmaterials sind die in anerkannten Regeln der Technik enthaltenen Berechnungsverfahren und Rechenwerte zu verwenden.

4

Bei Wärmeverteilungs- und Warmwasserleitungen sowie Kälteverteilungs- und Kaltwasserleitungen dürfen die Mindestdicken der Dämmschichten nach Tabelle 1 insoweit vermindert werden, als eine gleichwertige Begrenzung der Wärmeabgabe oder der Wärmeaufnahme auch bei anderen Rohrdämmstoffanordnungen und unter Berücksichtigung der Dämmwirkung der Leitungswände sichergestellt ist.

-

Anlage 6 (zu § 16)
Muster Energieausweis Wohngebäude

(Fundstelle: BGBl. I 2013, 3977 - 3981)

-
-
-
-

Anlage 7 (zu § 16)
Muster Energieausweis Nichtwohngebäude

(Fundstelle: BGBl. I 2013, 3982 - 3986)

-
-
-

Anlage 8 (zu § 16)
Muster Aushang Energieausweis auf der Grundlage des Energiebedarfs

(Fundstelle: BGBl. I 2013, 3987)

-
-

Anlage 9 (zu § 16)
Muster Aushang Energieausweis auf der Grundlage des Energieverbrauchs

(Fundstelle: BGBl. I 2013, 3988)

-
-

Anlage 10 Einteilung in Energieeffizienzklassen

(Fundstelle: BGBl. I 2013, 3989)

Die Energieeffizienzklassen ergeben sich gemäß der nachfolgenden Tabelle unmittelbar aus dem Endenergieverbrauch oder dem Endenergiebedarf.

Energieeffizienz-klasse	Endenergie $[kWh/(m^2 \cdot a)]$
A+	< 30
A	< 50
B	< 75
C	< 100
D	< 130
E	< 160
F	< 200
G	< 250

57

Energieeffizienz-klasse	Endenergie [kWh/(m²·a)]
H	> 250

-

Anlage 11 (zu § 21 Abs. 2 Nr. 2)
Anforderungen an die Inhalte der Fortbildung

(Fundstelle: BGBl. I 2007, 1562 - 1563;
bzgl. der einzelnen Änderungen vgl. Fußnote)

1

Zweck der Fortbildung

Die nach § 21 Abs. 2 Nr. 2 verlangte Fortbildung soll die Aussteller von Energieausweisen für bestehende Gebäude nach § 16 Abs. 2 und 3 in die Lage versetzen, bei der Ausstellung solcher Energieausweise die Vorschriften dieser Verordnung einschließlich des technischen Regelwerks zum energiesparenden Bauen sachgemäß anzuwenden. Die Fortbildung soll praktische Übungen einschließen und insbesondere die im Folgenden genannten Fachkenntnisse vermitteln.

2

Inhaltliche Schwerpunkte der Fortbildung zu bestehenden Wohngebäuden

2.1

Bestandsaufnahme und Dokumentation des Gebäudes, der Baukonstruktion und der technischen Anlagen
Ermittlung, Bewertung und Dokumentation des Einflusses der geometrischen und energetischen Kennwerte der Gebäudehülle einschließlich aller Einbauteile und Wärmebrücken, der Luftdichtheit und Erkennen von Leckagen, der bauphysikalischen Eigenschaften von Baustoffen und Bauprodukten einschließlich der damit verbundenen konstruktiv-statischen Aspekte, der energetischen Kennwerte von anlagentechnischen Komponenten einschließlich deren Betriebseinstellung und Wartung, der Auswirkungen des Nutzerverhaltens und von Leerstand und von Klimarandbedingungen und Witterungseinflüssen auf den Energieverbrauch.

2.2

Beurteilung der Gebäudehülle
Ermittlung von Eingangs- und Berechnungsgrößen für die energetische Berechnung, wie z. B. Wärmeleitfähigkeit, Wärmedurchlasswiderstand, Wärmedurchgangskoeffizient, Transmissionswärmeverlust, Lüftungswärmebedarf und nutzbare interne und solare Wärmegewinne. Durchführung der erforderlichen Berechnungen nach DIN V 18599 oder DIN V 4108-6 sowie Anwendung vereinfachter Annahmen und Berechnungs- und Beurteilungsmethoden. Berücksichtigung von Maßnahmen des sommerlichen Wärmeschutzes und Berechnung nach DIN 4108-2, Kenntnisse über Luftdichtheitsmessungen und die Ermittlung der Luftdichtheitsrate.

2.3

Beurteilung von Heizungs- und Warmwasserbereitungsanlagen
Detaillierte Beurteilung von Komponenten einer Heizungsanlage zur Wärmeerzeugung, Wärmespeicherung, Wärmeverteilung und Wärmeabgabe. Kenntnisse über die Interaktion von Gebäudehülle und Anlagentechnik, Durchführung der Berechnungen nach DIN V 18599 oder DIN V 4701-10, Beurteilung von Systemen der alternativen und erneuerbaren Energie- und Wärmeerzeugung.

2.4

Beurteilung von Lüftungs- und Klimaanlagen
Bewertung unterschiedlicher Arten von Lüftungsanlagen und deren Konstruktionsmerkmalen, Berücksichtigung der Brand- und Schallschutzanforderungen für lüftungstechnische Anlagen,

Durchführung der Berechnungen nach DIN V 18599 oder DIN V 4701-10, Grundkenntnisse über Klimaanlagen.

2.5 Erbringung der Nachweise
Kenntnisse über energetische Anforderungen an Wohngebäude und das Bauordnungsrecht (insbesondere Mindestwärmeschutz), Durchführung der Nachweise und Berechnungen des Jahres-Primärenergiebedarfs, Ermittlung des Energieverbrauchs und seine rechnerische Bewertung einschließlich der Witterungsbereinigung, Ausstellung eines Energieausweises.

2.6 Grundlagen der Beurteilung von Modernisierungsempfehlungen einschließlich ihrer technischen Machbarkeit und Wirtschaftlichkeit
Kenntnisse und Erfahrungswerte über Amortisations- und Wirtschaftlichkeitsberechnung für einzelne Bauteile und Anlagen einschließlich Investitionskosten und Kosteneinsparungen, über erfahrungsgemäß wirtschaftliche (rentable), im Allgemeinen verwirklichungsfähige Modernisierungsempfehlungen für kosteneffiziente Verbesserungen der energetischen Eigenschaften des Wohngebäudes, über Vor- und Nachteile bestimmter Verbesserungsvorschläge unter Berücksichtigung bautechnischer und rechtlicher Rahmenbedingungen (z. B. bei Wechsel des Heizenergieträgers, Grenzbebauung, Grenzabstände), über aktuelle Förderprogramme, über tangierte bauphysikalische und statisch-konstruktive Einflüsse, wie z. B. Wärmebrücken, Tauwasseranfall (Kondensation), Wasserdampftransport, Schimmelpilzbefall, Bauteilanschlüsse und Vorschläge für weitere Abdichtungsmaßnahmen, über die Auswahl von Materialien zur Herstellung der Luftdichtheit (Verträglichkeit, Wirksamkeit, Dauerhaftigkeit) und über Auswirkungen von wärmeschutztechnischen Maßnahmen auf den Schall- und Brandschutz. Erstellung erfahrungsgemäß wirtschaftlicher (rentabler), im Allgemeinen verwirklichungsfähiger Modernisierungsempfehlungen für kosteneffiziente Verbesserungen der energetischen Eigenschaften.

3 **Inhaltliche Schwerpunkte der Fortbildung zu bestehenden Nichtwohngebäuden**
Zusätzlich zu den unter Nr. 2 aufgeführten Schwerpunkten soll die Fortbildung insbesondere die nachfolgenden Fachkenntnisse zu Nichtwohngebäuden vermitteln.

3.1 Bestandsaufnahme und Dokumentation des Gebäudes, der Baukonstruktion und der technischen Anlagen
Energetische Modellierung eines Gebäudes (beheiztes/gekühltes Volumen, konditionierte/nicht konditionierte Räume, Versorgungsbereich der Anlagentechnik), Ermittlung der Systemgrenze und Einteilung des Gebäudes in Zonen nach entsprechenden Nutzungsrandbedingungen, Zuordnung von geometrischen und energetischen Kenngrößen zu den Zonen und Versorgungsbereichen, Zusammenwirken von Gebäude und Anlagentechnik (Verrechnung von Bilanzanteilen), Anwendung vereinfachter Verfahren (z. B. Ein-Zonen-Modell), Bestimmung von Wärmequellen und -senken und des Nutzenergiebedarfs von Zonen, Ermittlung, Bewertung und Dokumentation der energetischen Kennwerte von raumlufttechnischen Anlagen, insbesondere von Klimaanlagen, und Beleuchtungssystemen.

3.2 Beurteilung der Gebäudehülle
Ermittlung von Eingangs- und Berechnungsgrößen und energetische Bewertung von Fassadensystemen, insbesondere von Vorhang- und Glasfassaden, Bewertung von Systemen für den sommerlichen Wärmeschutz und von Verbauungs- und Verschattungssituationen.

3.3 Beurteilung von Heizungs- und Warmwasserbereitungsanlagen
Berechnung des Endenergiebedarfs für Heizungs- und Warmwasserbereitung einschließlich der Verluste in den technischen Prozessschritten nach DIN V 18599-5 und DIN V 18599-8,

59

3.4 Beurteilung von Kraft-Wärme-Kopplungsanlagen nach DIN V 18599-9, Bilanzierung von Nah- und Fernwärmesystemen und der Nutzung erneuerbarer Energien.

3.4

Beurteilung von raumlufttechnischen Anlagen und sonstigen Anlagen zur Kühlung
Berechnung des Kühlbedarfs von Gebäuden (Nutzkälte) und der Nutzenergie für die Luftaufbereitung, Bewertung unterschiedlicher Arten von raumlufttechnischen Anlagen und deren Konstruktionsmerkmalen, Berücksichtigung der Brand- und Schallschutzanforderungen für diese Anlagen, Berechnung des Energiebedarfs für die Befeuchtung mit einem Dampferzeuger, Ermittlung von Übergabe- und Verteilverlusten, Bewertung von Bauteiltemperierungen, Durchführung der Berechnungen nach DIN V 18599-2, DIN V 18599-3 und DIN V 18599-7 und der Nutzung erneuerbarer Energien.

3.5

Beurteilung von Beleuchtungs- und Belichtungssystemen
Berechnung des Endenergiebedarfs für die Beleuchtung nach DIN V 18599-4, Bewertung der Tageslichtnutzung (Fenster, Tageslichtsysteme, Beleuchtungsniveau, Wartungswert der Beleuchtungsstärke etc.), der tageslichtabhängigen Kunstlichtregelung (Art, Kontrollstrategie, Funktionsumfang, Schaltsystem etc.) und der Kunstlichtbeleuchtung (Lichtquelle, Vorschaltgeräte, Leuchten etc.).

3.6

Erbringung der Nachweise
Kenntnisse über energetische Anforderungen an Nichtwohngebäude und das Bauordnungsrecht (insbesondere Mindestwärmeschutz), Durchführung der Nachweise und Berechnungen des Jahres-Primärenergiebedarfs, Ermittlung des Energieverbrauchs und seine rechnerische Bewertung einschließlich der Witterungsbereinigung, Ausstellung eines Energieausweises.

3.7

Grundlagen der Beurteilung von Modernisierungsempfehlungen einschließlich ihrer technischen Machbarkeit und Wirtschaftlichkeit
Erstellung von erfahrungsgemäß wirtschaftlichen (rentablen), im Allgemeinen verwirklichungsfähigen Modernisierungsempfehlungen für kosteneffiziente Verbesserungen der energetischen Eigenschaften für Nichtwohngebäude.

4   Umfang der Fortbildung

Der Umfang der Fortbildung insgesamt sowie der einzelnen Schwerpunkte soll dem Zweck und den Anforderungen dieser Anlage sowie der Vorbildung der jeweiligen Teilnehmer Rechnung tragen.

60

www.ingramcontent.com/pod-product-compliance
Lightning Source LLC
Chambersburg PA
CBHW070958180526
45168CB00003B/1192